企业管理指导手册

技巧+风险+福利+范例

罗 芳 龙春彦◎编著

BUSINESS MANAGEMENT

中国铁道出版社有限公司
CHINA RAILWAY PUBLISHING HOUSE CO., LTD.

内容简介

本书是一本专门介绍如何对企业进行科学化管理的书籍，书中详述了企业管理中的各项工作内容。

全书共8章，主要分为3个部分。第一部分介绍了管理者如何塑造企业文化和经营模式；第二部分从企业员工入手，详细讲解了管理者如何做好员工入职、正式工作以及离职的相关管理工作；第三部分介绍了合同管理的相关内容，包括预防合同欺诈、合同保存与销毁、合同条款等内容。

本书采用了项目流程＋实用模板的展示方式，对相关制度、表单进行了讲解，在理论基础上更重视实务性和操作性。无论你是一名从事企业管理工作的管理人员、行政人员，还是高校行政管理相关专业的在校学生，都可通过本书的学习，提高管理能力。

图书在版编目（CIP）数据

企业管理指导手册：技巧＋风险＋福利＋范例／罗芳，龙春彦编著．—北京：中国铁道出版社有限公司，2020.2

ISBN 978-7-113-26379-9

Ⅰ．①企…　Ⅱ．①罗…　②龙…　Ⅲ．①企业管理－手册　Ⅳ．①F272-62

中国版本图书馆CIP数据核字（2019）第251942号

书　　名：企业管理指导手册（技巧＋风险＋福利＋范例）
作　　者：罗　芳　龙春彦

责任编辑：王　佩　　**读者热线电话：**010-63560056
责任印制：赵星辰　　**封面设计：**宿　萌

出版发行：中国铁道出版社有限公司（100054，北京市西城区右安门西街8号）
印　　刷：北京柏力行彩印有限公司
版　　次：2020年2月第1版　2020年2月第1次印刷
开　　本：700mm×1000mm　1/16　**印张：**15　**字数：**188千
书　　号：ISBN 978-7-113-26379-9
定　　价：55.00元

前言

F O R E W O R D

今时今日，随着市场经济的变化，很多企业不再是以前的家族企业或“小作坊”类型。为了能让企业不断发展，扩大规模，企业领导者越来越意识到科学地管理企业是一件非常重要的事。因此，对于企业管理者个人能力的要求也越来越高。

企业管理是一个很大的概念，包括对企业生产经营活动的战略规划、文化输出和企业形象等的安排，以及对企业员工的入职、离职和福利等工作的组织。当然，在进行企业管理时，管理者要尽可能地利用企业的各项资源，如人力、物力、财力以及经营信息等，以完成各项管理目标。

管理者对企业进行管理可从人力资源、经营模式、资金、企业价值观、管理机制以及技术与工艺等方面入手。另外，管理者还要不断提高自己的执行力，带领下属员工和团队高效地工作。在个人能力提高的基础上，借助科学的制度与丰富的资源为企业带来源源不断的发展动力。为此，我们编写了本书。

本书包括 8 章内容，可分为 3 个部分，各部分的内容如下所示。

◎ 第一部分：1、2 章

该部分主要介绍管理者如何塑造企业文化和经营模式，通过分析各个名企取得成功的案例，让管理者明白如何从大方向上规划企业的发展模式。

◎ 第二部分：3 ~ 7 章

该部分主要对企业内最重要的管理对象——员工，进行管理，分别从入职管理、工作管理、离职管理、福利激励和执行力管理入手。将员工从入职期到稳定期内的所有流程进行科学规划，一来保障企业的利益，二来带动员工，为企业做出贡献。

◎ 第三部分：第 8 章

该部分主要讲解企业内的合同管理，包括预防合同欺诈、合同保管、合同销毁以及各项合同条款（质量及数量条款、价款或报酬条款、履行期限、地点和方式条款、担保及违约责任条款、不可抗力条款）等内容。管理者要把好合同管理的大关，才能不让企业遭受不必要的损失。

本书语言简洁精练、通俗易懂，将理论和案例相结合，再加上大量自制的流程图和各类表格，对企业管理进行充分地讲解。并且通过“实用模板 + 讲解”的模式将管理工作中涉及到的制度、规定和表单进行呈现，读者可以活学活用。

本书适合于各类企业管理人员、行政人员以及高校行政管理相关专业学生学习使用。

由于编者能力有限，对于本书内容不完善的地方希望获得读者的指正。

为方便读者学习，可通过 https://pan.baidu.com/s/19RrQNKhvobDScJBd5eIAHQ 获取本书配套表单文件。

编　者

2019 年 9 月

目录

CONTENTS

第 1 章　文化管理：企业需要灵魂

企业文化是指导企业发展方向、约束员工行为的价值理念，它是企业在长期的实践中形成的。规模越大的企业，其企业文化越明显，员工凝聚力也越高。

第2章 经营管理：模式多种多样

在企业发展实践中，会根据经营状况、市场环境、组织结构等变化形成不同的经营管理模式，而且在不断地调整和变化。企业只有寻找适合自己的经营管理模式，才能发展得越来越好。

第3章 入职管理：流程操作要规范

企业每隔一段时间会进入招聘期，为公司选拔更多的人才，那么新员工入职，管理者应该怎样做才能使其快速地融入到企业环境中，了解企业的规章制度，成为合格的员工呢？

第4章　员工管理：掌握技巧，人不难管

管理员工不是一件容易的事，管理者要抓住员工的心，让员工服从公司的管理，为公司创造利润，除了通过长时间的管理实践，还应掌握基本的管理技巧，才能留住人才，得到员工的支持。

第5章　离职风险管理：怎样将损失减到最小

员工离职会在一定程度上给企业带来损失，所以企业管理者要尽量减少员工离职，不仅要对离职的风险进行预防，还要采取一定的补救措施，如离职面谈、填补职位空缺等，这成为企业管理者必须要考虑的问题。

第7章 执行力管理：能力不是一夕炼成的

执行力是一个人工作态度和个人能力的体现，为了提高工作效率，管理者就要想方设法提高员工的执行力，不过这不是一朝一夕的事。

第 8 章 企业合同管理：预防欺诈早做准备

企业与人交易就免不了签订交易合同，为了保障企业的利益，管理者和交易负责人要对合同进行管理和风险预防。否则一旦合同出现漏洞，企业所遭受的损失是不可估量的。

第1章

01

文化管理：企业需要灵魂

企业文化是指导企业发展方向、约束员工行为的价值理念，它是企业在长期的实践中形成的。规模越大的企业，其企业文化越明显，员工凝聚力也越高。所以企业领导人应在品牌、战略、生产、营销等各个经营领域内建立和完善企业文化。

|1.1|

企业文化也是一种竞争力

可能很多企业管理者仍然认为生产、宣传等是企业具备竞争力的重要因素，但是在现如今，企业文化的重要性已经日渐凸显，尤其对于规模较大的企业来说，企业文化已经成为企业最大的竞争力。

1.1.1 企业文化管理的误区

企业文化管理本质上就是企业价值观的管理。企业文化是一个组织由其价值观、信念、仪式、符号及处事方式等组成的特有的文化形象。这种文化形象对组织绩效，特别是长期绩效有极大的影响。

企业文化管理在中国有很长一段时间的发展历史，不过被真正重视也不过 10 年左右。从新闻、演讲等渠道我们都能得知很多大企业如华为、谷歌等都有其独特的企业文化，所以这些企业能走在前列。不过，仍然有很多企业的管理者对企业文化没有清晰的认知，甚至存在误区。具体有哪些误区呢？

◆ 企业文化＝企业文体活动

虽然企业文化对组织绩效有影响，但是在公司内搞一些文体活动并不意味着就能建设企业文化了。有一些企业管理者会组织公司各部门员工定期参加宣讲会、羽毛球比赛和歌唱比赛等活动来增加团队凝聚力，不过这些只是细枝末节，并不是企业文化的核心。

◆ 企业文化管理就是塑造员工

对于一些新手企业管理者来说，会简单地认为建设企业文化就是通过一系列的制度来约束员工的行为，让所有员工保持统一。这样不仅对企业的绩效管理没有丝毫的作用，还有可能大大降低员工的创造性和积极性。

企业文化绝对不是服从和约束，而是一种认同。员工只有认同企业的管理理念、生产方式和宣传手段等，才会真正接受企业文化，并愿意为企业付出。

◆ 企业文化 = 企业家文化

虽然，很多企业内都有一个核心的领导人，如苹果的乔布斯，且企业与企业核心领导人之间也存在相互依存的关系，但并不代表企业 = 企业领导人，企业文化也是如此。

一般只有在企业的初期阶段，企业家文化才代表企业文化，这时企业的一切事务、发展都靠企业领导人推进。但随着企业的成长，如果还将一切责任都压在领导人身上，企业是无法发展的。而公司文化就是在中高层管理者以及员工的行为中不断呈现的。

所以企业领导人要将个人文化发展成组织文化，让公司所有员工都接受这种文化。

◆ 企业文化是每个企业都有的

很多管理者看多了成功企业的案例后，可能会产生一个错觉，认为每一个企业都有企业文化。其实企业文化是在发展中形成的，不是企业内部认为有就有的，而是外界对企业产品的印象。

通过企业的不断壮大，越来越多的消费者在使用企业产品后感到满意和认同，并形成对企业产品和服务特有的共识。所以很多在起步阶段或发展阶段的企业还没形成自己的企业文化。

◆ 企业文化＝企业外在形象设计

很多企业管理者的认识都非常表面，他们认为企业文化就是企业的外在表现形象，所以设计了很多统一的外在表现形式，如企业的口号、标语、企业服装、企业徽章等，但一个企业拥有这些并不代表具有企业文化。而且这些表面的、形式的东西太多了，反而会引起员工的反感，占用他们的工作精力。

1.1.2 企业文化管理的一些问题

企业文化是企业长期运营过程中形成的，不能一蹴而就，在这个过程中会出现很多的问题，下面来看看企业文化管理中会出现的一些问题。

（1）企业文化流于表面

很多企业的文化其实并没有真正渗透到企业的生产、经营和管理中，由于很多中小企业的领导者为了形式而设置企业文化，不注重文化建设与企业经济效益之间的关系，花费大量的人力、物力和财力去推动企业文化发展，反而失去了文化建设的根本意义。

（2）企业文化缺乏创新

对于国内很多的中小企业来说，企业文化的概念还很陌生，对于企业文化建设也无从做起，所以可能会一味地模仿同行业顶级的企业，这样会导致缺乏创新和不符合公司自身的特点。其实企业可以借鉴一些典型大型公司的理念，但一定要结合自身的情况，形成自己的文化特色。

（3）文化管理意识不足

由于很多企业管理者对文化管理的认识不足，对企业的发展策略和方向也没有做具体分析，没有对企业的文化管理进行合理定位，使企业管理质量下降，对企业发展造成一定的影响。比如很多管理者在进行文化管理时，会出现很多制度上的漏洞，设计出不符合企业发展的价值需求，打乱员工的工作方向。

（4）管理人员的能力有待提高

企业文化这样的概念是经济发展以后才逐渐兴起的，很多管理者事先并没有文化管理的经验，所以会稍显困难。正因如此，需要管理人员不断提升自身的管理能力，学习新的技能，才能够满足企业发展的需求。

企业应安排对管理人员进行培训、深造，找到自身管理过程中存在的不足。将“以人为本”的理念落实到管理中，管理人员只有了解重视员工的重要性，才能真正在企业内部建立价值观。

1.1.3　母子公司的企业文化模式

对于有子公司的企业来说，与一般的企业不同，其文化管理模式有多种，可通过不同的模式，对子公司的精神层面、制度层面、行为层面和品牌层面进行统一、规范以及协同等一系列管理。具体有如表 1-1 所示的 3 种类型。

表 1-1　母子公司的企业文化模式

类型	具体内容
一元型	一元型文化管理模式是指企业总公司与各子公司在业务上一致，在公司愿景、价值观与行为标准上，由于行业及职业的特点相近，没有产生大的外在文化差异，文化管理的内容及方式潜移默化达到一致，如公司发展战略、人力资源政策、价值观与行为标准。某些杂志公司就要求子公司可以根据不同项目和不同区域文化的要求灵活掌握，所以其企业管理模式主要表现在投资控制上，而不是文化控制上，这种文化管理模式也比较适合烟草行业公司
多元型	多元型文化管理模式是指企业总公司强调对文化的认同以及文化管理的模式，特别注重共同价值观的管理，总公司要求各子公司在价值观的一致性上严格遵守总公司的文化要求。这种类型的文化管理模式一般是多元化战略的集团公司，尤其是跨行业或产业组成的集团公司
离散型	离散型文化管理模式是指企业总公司对子公司的控制主要是硬性的，如财务制度、投资制度和人力资源制度等，企业文化的软性管理模式较少或者既不规范又很零散，如仅仅是一些宣传口号或者行为准则，在实际集团管理模式中很少去实践

1.1.4　企业文化的具体内容

从企业文化的定义来看，其内容是十分广泛的，但是，作为管理者需要了解的企业文化要包含的内容，具体如表 1-2 所示。

表 1-2　企业文化包含的内容

文化分类	具体内容
经营哲学	经营哲学是一个企业特有的从事生产经营和管理活动的方法论原则，它是指导企业行为的基础。例如，日本松下公司的战略决策哲学就是“讲求经济效益，重视生存的意志，事事谋求生存和发展”

续上表

文化分类	具体内容
价值观念	企业的价值观是指企业员工对企业存在的意义、经营目的、经营宗旨的价值评价和为之追求的整体化、个异化的群体意识，是企业全体员工共同的价值准则。因此，企业价值观决定着员工行为的取向
企业精神	企业精神是指企业基于自身特定的性质、任务、宗旨、时代要求和发展方向，经过精心培养而形成的企业成员群体的精神风貌。它是企业员工观念意识和进取心理的外化。企业精神是企业文化的核心，通常以简洁的语言来表达，如“求实、奋进”
企业道德	企业道德是指调整该企业与其他企业之间、企业与顾客之间、企业内部员工之间关系的行为规范的总和，是约束企业和员工行为的重要手段。如中国老字号同仁堂药店，其企业道德以“济世养身、精益求精、童叟无欺、一视同仁”为基准，所以备受人们信赖
团体意识	团体意识是指组织成员的集体观念，是企业内部凝聚力形成的重要心理因素。企业团体意识的形成使企业的每个员工把自己的工作和行为都看成是实现企业目标的一个组成部分，从而对企业产生荣誉感和归属感
企业形象	企业形象是企业通过外部特征和经营实力表现出来的，被消费者和公众所认同的企业总体印象，如招牌、门面、徽标、广告、商标、服饰、营业环境等。除此之外，通过经营实力表现出来的形象称为深层形象，如人员素质、生产经营能力、管理水平、资本实力、产品质量等
企业制度	企业制度是精神文化的表现形式，作为员工行为规范的模式，使个人的活动得以合理进行，内外人际关系得以协调，员工的共同利益受到保护，从而使企业内部井然有序，员工工作效率更高
文化结构	企业文化结构就是企业文化的构成、形式、层次、内容、类型等的比例关系和位置关系，从而形成企业文化的整体模式，即企业物质文化、企业行为文化、企业制度文化和企业精神文化
企业使命	企业使命是指企业在社会经济发展中所应担当的角色和责任，说明企业的经营领域、经营思想，为企业目标的确立与战略的制定提供依据。它包括企业的经营哲学、企业的宗旨和企业的形象

1.1.5 并购企业，整合企业文化的原则

企业并购并不仅仅指经济上、人事上的协调，还指企业文化上的整合。企业文化整合就是指有意识地对企业内不同的文化倾向或文化因素通过有效地整理，并将其结合为一个有机整体的过程，在整合的过程中需要遵循以下几个原则。

（1）文化宽容

保持宽容是文化整合的前提，由于企业文化不同，不管是员工还是管理者，都很难顺利接受对方的理念。因此，企业领导人要倡导宽容、合作的精神。

另外，管理者与员工之间的宽容、民主也很重要，这样才能加强理解意识，形成平等的对话。除了强调管理者与员工的合作认同，管理者还需注意与员工的情感沟通，可以加强管理者与员工之间非正式交流与来往。在宽容精神的引导下，进行文化整合。

（2）扬弃

由于每个企业的发展轨迹不一，形成的文化也各有特色，而有的企业文化非常丰富，重组并购后管理者不能照单全收，要认真调查研究合并前各企业的发展历史和现状，比较企业文化，找到真正属于企业的实质性内核。

只有在辨识清楚后，才能够进行整理，留下有价值的部分，丢弃多余的、不符合现状的价值观，并重新构建企业文化体系。管理者一定要注意，文化整合离不开民族传统文化，只有在民族文化的基础上延伸，企业才能走得更远。

（3）共性与个性相结合

由于现在很多企业建立企业文化都在赶潮流，所以很多企业文化是相类似的，口号也较为雷同，这只能说明现在中国企业文化的发展还不成熟。然而，企业的个性文化建设其实是非常重要的。

所以，在企业文化整合中要正确处理共性和个性的关系，在共性中突出个性。

（4）借鉴与创新相结合

作为现代企业的管理者，应该保持开放的心态和意识。在进行企业文化整合时，不仅要保持企业自身的特色，还要借鉴各个国家同行业企业的文化管理方式，并加以吸收创新，结合企业情况形成与时俱进的文化管理理念，就像很多大品牌的中医馆，也是随着时代的发展不断创新，才能一直延续至今。

1.1.6　提供人性化的工作环境

企业为员工提供人性化的工作环境，其本质是进行人性化的管理。所谓人性化管理，就是一种在整个企业管理过程中充分注意人性要素，以充分开发人的潜能为主要目的的管理模式。至于其具体内容，可以包含很多要素，如对人的尊重、充分的物质激励和精神激励、提供各种成长与发展机会、注重企业与个人的双赢战略以及制订员工的生涯规划等。

人性化管理其实是对企业文化培育和发展的管理，是一个动态发展的过程，大致可分为 4 个发展阶段，如表 1–3 所示。

表 1-3 人性化管理的发展阶段

发展阶段	具体内容
人际权力管理阶段	由于企业内招聘的员工来自五湖四海，其文化背景、成长环境等都不一样，所以工作的思维也不一样，为了避免混乱和冲突，因此，在这个阶段应建立统一的行为规范，并建立严格的等级制度，促使员工服从企业管理
人际沟通阶段	这阶段已进入人性化管理的意识培育和调整阶段，是为企业发展、成长塑造企业文化的开始。在此阶段应注重上下级之间的沟通，并开始逐步建立共同的价值观
合作管理阶段	此阶段是培育企业文化的重要阶段，企业领导如果不注重研究分析自己企业的特点，就没有文化上的创新，也就没有属于自己的文化，而且这个阶段将是一个漫长的发展过程
奉献管理阶段	此阶段是企业文化管理阶段，就是企业已拥有了属于自己的独特的企业文化，全体员工也融入到了企业文化之中，这时员工的思想行为都自觉地在企业文化的支配之下，并能对变幻莫测的市场很快地联合行动，采取对策

只有满足人性自然属性中的基本需求，才能让人心甘情愿的工作；只有承认人性的社会属性是受思想意识支配的，才能发展出企业文化。人性化管理的要点主要有以下 3 点。

- 不同行业，应培育不同风格的文化意识。
- 企业组织要有合理、明确、科学的分配制度和规章。
- 文化发展是不断前进的，完成第一任务之后就要为长远目标或其他目标服务，因此企业要有随之而来的措施。

在中国这样的人情社会，很多管理者可能会误将“人性化管理”与“讲人情”混为一谈，其实这是完全不同的概念。人性化管理是科学的、现代的，而讲人情是感性的。

与人性化管理相对应的是制度化管理，是以制度规范为基本手段来协调企业组织集体协作行为的管理方式。制度化管理是企业成长必须经历的一个阶段，主要依靠科学合理的理性权威实行管理。一般包括如表 1–4 所示的 5 种制度。

表 1-4　制度化管理类型

制度类型	具体含义
企业基本制度	是企业的“宪法”，包括企业的法律财产所有形式、企业章程、董事会组织、高层管理组织规范等方面的制度和规范
管理制度	是对企业管理各个基本方面规定的活动框架，调节集体协作行为的制度
技术规范	是涉及某些技术标准、技术规程的规定
业务规范	针对业务活动过程中大量存在并反复出现，又具有科学处理办法的事务所定的业务处理规定
个人行为规范	是所有对个人行为起制约作用的制度规范

很多管理者觉得人性化管理和制度化管理只能二选其一，其实这两种管理方式各有弊端，只有将二者结合起来，利用两种管理方式的优势，才能达到最佳的管理效果。如表 1–5 所示是两种管理方式的弊端。

表 1-5　两种管理方式的弊端

人性化管理的弊端	制度化管理的弊端
1. 放松的度把握不好，容易造成管理松弛，员工散漫的后果。 2. 企业内员工素质参差不齐，要一视同仁，否则会造成不好的风气。 3. 员工容易没有时间概念，认为制度是摆设，使管理难以实行。 4. 如果企业的做法稍不如员工的意，就可能造成人员流失。 5. 太过“人性化”会让管理者显得没有气势	1. 制度太严苛，会导致企业内的氛围死气沉沉，员工没有干劲，工作不积极。 2. 容易引起员工厌烦的心理，乃至对公司和管理者产生抵触情绪。 3. 企业规则不变通，使员工和管理者工作起来束手束脚，影响工作效率。 4. 员工感受不到归属感，所以可能导致离职率居高不下。 5. 员工与上级、同事之间的交流较少，相互之间的合作不紧密

|1.2|
名企的企业文化范例

自从企业文化从国外进入国内后，很多企业领导人都开始实践，将企业文化运用到企业运营中去。当然，因为行业、资质和规模等的不同，各个企业的文化理念也有所差别。对于一般的小企业来说，了解和学习名企的文化是很有帮助的，下面我们通过案例加深理解。

1.2.1 迪士尼乐园带给了我们什么呢

迪士尼，全称为 The Walt Disney Company，是总部设在美国伯班克的大型跨国公司，其主要业务包括娱乐节目制作、主题公园、玩具、图书、电子游戏和传媒网络。作为世界上规模最大的娱乐公司，为什么迪士尼能吸引全世界一代又一代的消费者呢？这与其企业文化是分不开的。

迪士尼的企业文化即是“欢乐＝财富”，迪士尼认为想要让顾客快乐首先要让员工快乐，所以迪士尼会对企业员工进行培训，让员工了解怎么去服务顾客，这也是迪士尼企业服务文化中的一个重点——“SCSE”，即安全（Safe）、礼貌（Civility）、表演（Show）、效率（Efficiency），其具体含义为：服务首要原则是安全；其次要对客人有礼貌，让客人感到尊重；另外要保证演出的梦幻；最后在满足前 3 项准则后保证工作的高效。

这 4 种文化是迪士尼长期推行的，在企业内部形成统一的服务处事原则，并且告诫员工，迪士尼数十年的辉煌历史、商誉和形象，体现在方方面面的细节中。

在迪士尼乐园中，售货员的眼光必须与客人的目光处于同一水平线上，如果客人是儿童，那么售货员必须面带微笑的蹲下去，平视小朋友为其服务。这种注重细节的做法，使所有到迪士尼游玩的顾客都享受到了超乎他们预期的服务。

从迪士尼的企业文化中我们可以看出，企业文化不仅仅只有一点，不仅仅是“一元”的企业文化，它还可以往下衍生。比如其最本质的企业文化是“欢乐 = 财富”，再往下衍生是怎样能让顾客得到欢乐呢？

这就要从服务入手，要遵循“安全、礼貌、表演、效率”的原则，再往下衍生，就是“注重细节”。对于服务行业的企业来说，注重这一点是可以借鉴的，只有做到事无巨细的服务，才能产生品牌印象，才能通过品牌印象得到实在的经济效益。就像去过迪士尼乐园的人会对其服务产生深刻印象，连带对其品牌产生好的印象。

1.2.2　苹果公司的革命

苹果公司（Apple Inc.）是美国一家高科技公司，由史蒂夫·乔布斯、斯蒂夫·沃兹尼亚克和罗·韦恩（Ron Wayne）等人于 1976 年 4 月 1 日创立，当时公司名为美国苹果电脑公司（Apple Computer Inc.），在 2007 年 1 月 9 日更名为苹果公司，总部位于加利福尼亚州的库比蒂诺。

截至 2014 年 6 月，苹果公司已经连续 3 年成为全球市值最大的公司，在 2016 年世界 500 强排行榜中排名第 9 位。2014 年，苹果品牌超越谷歌（Google），成为世界最具价值品牌。那这样一个传奇的公司，其企业文化是怎样的呢？

当时苹果公司的核心人物乔布斯，在人才的使用上，极力强调“精”和“简”。乔布斯曾创立并管理的Pixar公司倡导的是没有“B团队”，每个电影都是集合最聪明的漫画家、作家和技术人员的最佳努力而成。.“质量比数量更加重要。”乔布斯表示从若干年前看到Stephen G. Wozniak为制造第一台苹果机而显示出的超凡工程学技能的那些日子开始，乔布斯就相信由顶尖人才所组成的一个小团队能够运转巨大的轮盘，仅仅是拥有较少的这样的顶尖团队就够了。为此，他花费大量精力和时间打电话，用于寻找那些他耳闻过的最优秀人员，以及那些他认为对于苹果各个职位最适合的人选。

为了唤醒员工的工作激情，乔布斯还在2000年苹果的一度停滞期喊出了“Think Different”（另类思考）的广告语，斥资上亿美元宣传的广告让消费者重新认识苹果。

在这样的个人化文化指引下，乔布斯以用户个人化引导产品和服务，以员工个人化来塑造公司文化和创新能力。以曾经由乔布斯掌控的Pixar为例，Pixar最著名的企业文化就是“以下犯上”，娱乐和自由的工作环境，我行我素、稀奇古怪的员工，随时随地的新主意，都构成了一种企业文化中的高度个人化的元素。

其实苹果公司与很多大型企业的不同之处就在于苹果公司的领导人，其个人价值观念太强大，并能够渗透到企业中。苹果公司的企业文化不止一种，但其中最特别的就属“信任乔布斯”。

虽然很多企业的领导人不能像乔布斯一样拥有惊人的意志力和创造力，但是也可以从中了解到企业的核心领导人对企业文化的影响。如果一个企业的核心领导人重视“创新”，那么企业文化必然要围绕创新延伸；如果他重视“服务”，那么企业文化必然向细节处发展。而对于乔布斯来说，其注重“偏执创新”，要做就做最好的产品，所以苹果公司的企业文化可衍生为“专注设计、聆听批评、永不服输、关注细节”。

1.2.3　微软的创新行动

微软（英文名称：Microsoft，中文简称：微软公司或美国微软公司）始建于 1975 年，是一家美国跨国科技公司，也是世界 PC（Personal Computer，个人计算机）软件开发的先导，由比尔·盖茨与保罗·艾伦创办，公司总部设立在华盛顿州的雷德蒙德，以研发、制造、授权和提供广泛的电脑软件服务业务为主。

最为著名和畅销的产品为 Microsoft Windows 操作系统和 Microsoft Office 系列软件，目前是全球最大的电脑软件提供商。2018 年 4 月 22 日发布的 2017 年全球最赚钱企业排行榜中，微软排名第 15 位。

微软提倡一种“释放信息”的管理方式，其背后倡导的企业文化就是“信息共享”，目的在于互通有无、信息共享、相互协作。不论你是哪个部门或哪个项目小组，不论你是上级还是下级，都尽可能的将自己的目前工作状况、项目思路、计划实施、遇到问题等信息公布出来。这样能够创造一种相互信任、相互协助、高效率的工作氛围，培养员工“任何人的工作都是为了公司发展”的企业理念。

在高效的价值理念下，微软公司内很多被认为是浪费时间的工作都被取消或是改良了，就好像企业内开会最容易浪费时间，所以微软“若非必要，决不开会”。因此，若要开会相关人员就要做好充分的会前准备。

另外，微软对时间的观念不是刻板的，而是提倡“家庭式办公”，没有朝九晚五的传统工作方式，也不对工作小时数进行设定。这对大多数企业来说是不可想象的，因为这种管理方式靠的是公司对员工的信任、员工对公司所负的责任和每个人对成功的渴望。所以，微软在工作时间管理上显得更加轻松和聪明。

从微软的案例中我们可以看到微软公司的基本理念是信息共享和高效。对于新兴的互联网企业来说，这正是需要借鉴的。任何企业的企业文化建设都与其实际从事的行业有关，如食品行业注重“安全和地区口味融合”，又如电器行业注重“创新”。

1.2.4 阿里巴巴的企业文化

阿里巴巴网络技术有限公司（简称：阿里巴巴集团或阿里巴巴）是曾担任英语教师的马云为首的 18 人于 1999 年在浙江杭州创立的。

阿里巴巴集团经营多项业务，另外也从关联公司的业务和服务中取得经营商业生态系统上的支援。业务和关联公司的业务包括淘宝网、天猫、聚划算、全球速卖通、阿里巴巴国际交易市场、1688、阿里妈妈、阿里云、蚂蚁金服、菜鸟网络等。

2014 年 9 月 19 日，阿里巴巴集团在纽约证券交易所正式挂牌上市，股票代码“BABA”，创始人和董事局主席为马云。2018 年 7 月 19 日，全球同步《财富》世界 500 强排行榜发布，阿里巴巴集团排名第 300 位。2018 年 12 月，阿里巴巴入围 2018 世界品牌 500 强。

阿里巴巴创始人马云觉得世界各地的人士也认识有关“阿里巴巴”的故事，而且大部分语言也存在类似的读音，因而将公司命名为阿里巴巴。电子商务是一门全球化的生意，所以也需要一个全球人士都熟悉的名字。

阿里巴巴的集团使命为：让天下没有难做的生意。

阿里巴巴集团有 6 个核心价值观，它是阿里企业文化的基石。这 6

个核心价值观为：

1. 客户第一

①尊重他人，随时随地维护阿里巴巴形象。

②微笑面对投诉和受到的委屈，积极主动地为客户解决问题。

③与客户交流过程中，即使自己没有责任，也不推诿。

④站在客户的立场思考问题。

2. 拥抱变化，勇于创新

①适应公司的日常变化。

②对变化产生的困难，能自我调整，并正面影响和带动同事。

③在工作中有前瞻意识，建立新方法、新思路。

④创造变化，并带来绩效突破性地提高。

3. 团队合作，共享共担

①积极融入团队，乐于接受同事的帮助，配合团队完成工作。

②决策前，积极发表建设性的意见，充分参与团队讨论；决策后，无论个人是否有异议，必须从言行上完全予以支持。

③积极主动分享业务知识和经验；主动给予同事必要的帮助；善于利用团队的力量解决问题和困难。

④善于和不同类型的同事合作，不将个人喜好带入工作，充分体现“对事不对人”的原则。

4. 诚信

①诚实正直，表里如一。

②通过正确的渠道和流程，准确表达自己的观点；表达批评意见的同时能提出相应建议。

③不传播未经证实的消息，不背后不负责任地议论事和人，并能正面引导，对于任何意见和反馈“有则改之，无则加勉”。

④勇于承认错误，敢于承担责任，并及时改正。

⑤对损害公司利益的不诚信行为正确有效地制止。

5. 激情，乐观向上

①喜欢自己的工作，认同阿里巴巴的企业文化。

②以积极乐观的心态面对日常工作，碰到困难和挫折的时候永不放弃，不断自我激励，努力提升业绩。

③始终以乐观主义的精神和必胜的信念，影响并带动同事。

④不断设定更高的目标，今天的最好表现是明天的最低要求。

6. 敬业

①今天的事不推到明天，上班时间只做与工作有关的事情。

②遵循必要的工作流程，没有因工作失职而造成的重复错误。

③持续学习，自我完善，做事情充分体现以结果为导向。

④能根据轻重缓急来正确安排工作的优先级，做正确的事。

⑤遵循但不拘泥于工作流程，化繁为简，用较小的投入获得较大的工作成果。

阿里巴巴的核心价值观正是其成功的原因，作为电商企业，既与互联网有关，又与服务消费有关，所以其核心价值观包括“客户第一”“创新”“共享”。

对于一般的与营销有关的中小企业来说，应该建立“顾客文化”和“创新文化”。

顾客文化是“满足顾客需求”的企业文化，在发展中的中小企业特别需要加强顾客文化的建设。这种企业文化说来简单，其实是最不容易做到的，因为人都是以自我为中心的，所以更应该由企业来推动。

而创新文化是每个企业都需要考虑的，尤其是对一些新兴企业，在有一定的发展后，要想不被社会所淘汰，唯有创新才是企业发展的动力。

1.2.5　海底捞的服务营销

四川海底捞餐饮股份有限公司成立于 1994 年，是一家以经营川味火锅为主、融汇各地火锅特色的大型跨省直营餐饮品牌火锅店。

海底捞在简阳、北京、上海、沈阳、天津、武汉、石家庄、西安、郑州、南京、广州、杭州、深圳、成都、韩国、日本、新加坡、美国等城市和国家有百余家直营连锁餐厅。海底捞始终坚持“无公害，一次性”的选料和底料原则，并在服务上做到极致。所以迅速从众多火锅餐饮企业中脱颖而出。

“服务至上”是海底捞最核心的企业文化，由此衍生出“顾客满意度”“员工满意度”“合理授权”的价值理念。在提升顾客满意度上，海底捞从各个方面无微不至地服务顾客。

如果餐厅人很多，海底捞会为顾客提供免费水果、小吃、杂志，可为女性客人做美甲；点餐时，服务员会送上热毛巾和围裙，为长发女士送上发圈或发夹，为戴眼镜的顾客送上眼镜布；在有顾客过生日的时候，餐厅员工会为顾客送上生日蛋糕。

员工为什么要这么事无巨细地服务客人呢？是因为员工个人的满意度很高。海底捞员工能够享受什么样的待遇呢？如果员工离职，小片区经理（大概管理 5 家分店左右）离职，补偿 20 万元；大区经理离职，送一家火锅店，价值约 800 万元。

不止如此，虽然餐饮行业的员工大都包吃住，但住宿条件很差。而海底捞的员工宿舍一定是有物管的小区，房间内配有电脑、WIFI，不用自己洗衣服，有人帮忙做菜。

像这样将无微不至的照顾发挥到极致，自然就会形成企业的文化氛围，让每一个去海底捞的客人都能感受到。

海底捞的横空出世给了很多餐饮企业或服务企业启示，对于以人为中心的企业，尤其是餐饮行业这种与客人直接面对面接触的行业，能把服务做好就已经成功了一大半了。

当然，要让员工提供无微不至的服务，仅靠制定制度和严格培训肯定是不够的，只有好的待遇才能让其心甘情愿为客人服务，否则只会导致人员大量的流失。当这种“服务至上”的企业文化渗透入每一个员工心中，再为每一位顾客留下深刻印象，这样企业文化自然就形成了。

1.2.6 招商银行的变化

招商银行（China Merchants Bank）1987 年成立于深圳蛇口，为招商局集团下属公司，是中国境内第一家完全由企业法人持股的股份制商业银行，也是中国内地市值第五大的银行。

招商银行总行设在深圳市福田区，截至 2017 年上半年，招商银行境内外分支机构逾 1 800 家，在中国大陆的 130 余个城市设立了服务网点，拥有 5 家境外分行和 3 家境外代表处，员工 7 万余人。

作为发展如此成功的银行，其也有自己的企业文化，不过招商银行的企业文化不是一成不变的，而是根据阶段的不同在不断发生变化。

招商银行的企业文化是在经过 18 年的发展和实践中，不断建设和改进的，主要可分为 4 个阶段。

第一阶段（1987 ~ 1993.11），创业文化

成立之初的招商银行具有明确的愿景——“做真正的银行”，所以在这个时期提出了“敢为天下先”和“以苦累为荣”的口号，表现这时的企业价值取向是拼搏奉献、创新和客户至上。并在制度上与文化精神层面较好的契合，主要表现在：①招聘注重公平竞争；②考核和晋升机制严格；③注重人文关怀。

第二阶段（1993.11 ~ 1999.3），规模文化

随着总行的搬迁，招商银行进入了高速发展期，这一阶段招行的愿景是做“国际化的大银行”，价值观是“以业绩论英雄”。将个人工作业绩与收入、晋升紧密挂钩，注重业务发展速度、规模和短期效益。

伴随着服务意识的加强，提出“拼搏、奉献、创新”的核心价值精神，在经营理念上创新意识非常突出，欠缺风险意识，相对缺乏人文关怀。

第三阶段（1999.3 ~ 2002.4），风险文化

随着高层领导对高速发展期累积大量风险的反思，招商银行开始强调“风险管理”是银行永恒的主题，重视结果也重视过程，严格按规章制度办事，培养从实际出发的扎实工作作风。

第四阶段（2002.4 至今），管理文化

随着上市成为公众公司，招行提出银行“因势而变”“一三五铁律”“效益、质量、规模协调发展”的理念，核心发展目标是“打造股市蓝筹，塑造百年招银”。

在经历了 4 个发展阶段后，招行的企业文化就逐步建立起来了，可分为 4 个层次。

①精神层（核心层）。指企业的愿景、核心价值观。

②制度层（中间层）。指企业的各种规章制度、组织结构和企业员工对这些规章制度的认同程度。

③行为层（表层）。指企业的外观，内部小环境、产品外观、服务、故事等方面。

④社会层（企业文化的对外传播）。是企业文化的外溢，是社会对企业的认同，及企业对社会的态度。

招商银行的例子可以让我们知道对某些企业来说，企业文化是可以在发展中不断变化的，最重要的是要结合企业的现阶段需要。比如创业初期就是求发展、做出自己的产品，对企业的要求就是“拼搏向上”“维系客户”和“抢占市场”。

而在发展期，企业往往更看重业绩和利润；在有一定规模后，企业就要把眼光放长远一点，想想企业未来的发展，这时的企业文化可以理想一点，并配有严格的执行制度，将理想落到实处。

1.2.7 海景花园酒店的服务氛围

青岛海景花园大酒店位于青岛东部海滨，1996 年开业，是集住宿、餐饮、娱乐、商贸于一体的花园别墅型五星级酒店。酒店现有各类高档客房 400 多套（200 套在改建中），总餐位 1 000 多个，拥有 1 000 平米的凯旋宴会大厅，10 个大小会议室和 20 个高档宴会单间。其经营理念是“把客人当亲人，视客人为家人，客人永远是对的”。

企业的经营理念是企业文化的源头，由此可以衍生出很多有用的具体的文化观念来。

海景花园酒店就是为客人提供各种服务的企业，所以员工要充分理解客人的需求。即使客人提出的要求超出了酒店服务范围，只要是正当的，员工就必须作为特殊服务予以满足。酒店规定服务客人时员工要做到以下几点。

1. 充分理解客人的心态。如果客人因情绪或身体原因，在消费过程中出现过分的态度和要求时，员工必须给予理解，并提供更优质的服务。

2. 充分理解客人的误会。如客人对酒店的规定、规则感到不解，提出非议或拒绝合作时，员工必须与客人沟通，消除误会。

3. 充分理解客人的过错。如果客人刻意刁难，员工不要与客人争是非曲直，应给客人以宽容和体面。

要牢记：有抱怨的顾客最容易成为回头客，化解客人的不满，最终的结果必须是让客人心满意足。

在酒店内部，上下级之间、上下工序之间、一线和二线之间，都要构成一种“顾客关系”，即互相服务，将服务的精神发挥到极致。海景酒店强调“上级为下级服务，二线为一线服务，上工序为下工序服务，全员为（外部）顾客服务”。

作为一家酒店，企业将核心的经营理念和文化理念定位在“客人至上”无疑是正确的，这是任何一个酒店都应该考虑的。至于如何做到这一点，不同酒店会有不同的方式方法。

海景花园酒店通过员工之间互相服务塑造这种服务的氛围，并且越是与客人直接接触的岗位，越能得到上级和各个部门的支持与服务，这样他们才能无后顾之忧，全力做好工作。

当然，有文化理念是不够的，对文化理念的阐述也是有必要的，就像该案例，只提出“顾客至上”是不够的，员工无法深刻理解，也无法将这种理念运用到工作中。酒店对其进行具体阐述后，员工就了解了：不能和客人辨是非，要多沟通，无条件满足客人的需求。

第2章
02

经营管理：模式多种多样

在企业发展实践中，会根据经营状况、市场环境、组织结构等的变化形成不同的经营管理模式，而且在不断地调整和变化。企业只有寻找适合自己的经营管理模式，才能发展得越来越好。

|2.1|

了解企业经营管理

经营管理是为了企业的不断发展而对企业的经营活动进行计划、组织、指挥、协调和控制。可以说企业的经济效益与管理者的经营管理有很大的关系，所以管理者应了解经营管理的问题和方法，以帮助企业获得更多的利润。

2.1.1 企业经营管理的几大问题

随着时代的发展，出现了很多新的行业和产品，导致许多企业经营变得越来越难，甚至面临转型或倒闭的问题。那么在企业经营管理中有哪些需要重视的问题呢?

（1）人力成本

不可避免的，中国的人力成本越来越高，就连外资企业都因为我国人力成本的提升而将工厂迁至东南亚国家。

如某家大型企业，厂内共有800人从事生产活动，人均月工资为4 000元，每月的人工成本大概为320万元，一年应支付员工的薪酬为4 000万元左右。这样大的一笔开支，对很多企业来说都是重负。

诚然，人工成本是企业不能减少的开支，所以企业管理者要考虑一个问题，即员工是否能为企业带来价值。人工成本不断升高也意味着员工承担的责任与工作应该更多。企业管理者需要考虑两件事。

◆ **裁员的必要**：如果很多员工在其位却不能发挥作用，那么管理者应当断则断，宁愿裁员，提高管理，以免企业付出无谓的成本。

◆ **绩效管理的必要**：管理者应尽量将人工成本转化为资本，设置工作目标，让员工去达成。

（2）留不住人

很多企业员工离职的原因都是薪酬问题，员工对薪酬不满意，自然就想离开，尤其是对一些优秀的人才来说，更是如此。管理者应该怎么做呢？

①对于普通员工，直接给其加薪不是一个明智的办法，管理者最好让员工自己为自己加薪，就是通过努力得到其应有的奖金。

②对于高级人才，管理者可以考虑设置制度，在达到一定标准的情况下，让其成为企业合伙人，以此留住人才。

（3）制度问题

很多企业都会有制度上的问题，要不就是没有科学的制度，要不就是没有执行到位，要不就是员工不认可。此时，企业可以从 4 个方面入手改进。

◆ **制度设立**：制度当然不是想当然的建立出来的，这需要一个不断改进的过程才能最终确立。

◆ **制度执行**：制度的建立只是一个开始，能够很好地执行才是重点，这就需要涉及的部门和管理者将制度落到实处，一来可以对管理者进行教育培训，二来可以对管理者多出的工作给予补贴。

◆ **管理效率**：管理的效率体现在员工绩效的涨幅上，有效的管理会让企业和员工都受益。

◆ **管理流程**：管理流程切忌复杂，简洁顺畅才是重点。

（4）资金问题

公司运营的最重要的条件就是资金，尤其是现金流，管理者只有规划好资金才能让公司正常运转。主要从以下 4 个方面入手。

◆ **现金流预算**：财务管理者与公司高层需要共同做好年度预算，包括现金流预算、每月固定支出预算、计划外支出预算等，然后做好资金储备。

◆ **固定投入**：尽量减少固定投入，给公司留有充足的可用资金。

◆ **资金配比**：资金配比要合理，主要还是以公司的实际情况为主。如果是主营原材料加工的企业，当然应在生产上投入更多的资金；如果是互联网企业，则要在营销和行政上多投入一定的资金；如果是零售厂商，就要在销售上多加投入。

◆ **融资**：管理者做好企业融资，开拓融资渠道，准备应急资金。

2.1.2 PDCA 管控系统

PDCA 循环是美国质量管理专家休哈特博士首先提出的，由戴明采纳、宣传，获得普及，所以又称戴明环。PDCA 循环的含义是将质量管理分为 4 个阶段。

◆ P（Plan）——计划，确定方针和目标，确定活动计划。

◆ D（Do）——执行，实地去做，实现计划中的内容。

◆ C（Check）——检查，总结执行计划的结果，注意效果，找出问题。

◆ A（Action）——处理，对总结检查的结果进行处理，对成功的经验加以肯定并适当推广、标准化；对失败的教训加以总结，以免重现，未解决的问题放到下一个 PDCA 循环。

以上 4 个过程不是运行一次就结束，而是周而复始地进行，一个循环完了，解决一些问题，未解决的问题进入下一个循环，形成阶梯式上升。PDCA 循环管理的 7 个步骤如图 2-1 所示。

分析现状，找出题目
强调的是对现状的把握和发现题目的意识、能力，发掘题目是解决题目的第一步，是分析题目的条件。

↓

分析产生题目的原因
找准题目后，分析产生题目的原因至关重要，运用头脑风暴法等多种集思广益的科学方法，把导致题目产生的所有原因全部找出来。

↓

主因确认
区分主因和次因是最有效解决题目的关键。

↓

拟定措施、制定计划
措施和计划是执行力的基础，应尽可能使其具有可操性。可使用 5W1H 原理来制定，即为什么制定该措施（Why）？达到什么目标（What）？在何处执行（Where）？由谁负责完成（Who）？什么时间完成（When）？如何完成（How）？

↓

执行措施、验证评估效果
高效的执行力是企业完成目标的重要一环，评估效果的重要性也很大，因为下属只做你检查的工作，不做你希望的工作。

↓

标准化，固定成绩
标准化是维持企业治理现状不下滑，积累、沉淀经验的最好方法，也是企业治理水平不断提升的基础。

↓

处理遗留题目
所有题目不可能在一个 PDCA 循环中全部解决，遗留的题目会自动转进下一个 PDCA 循环，如此，周而复始，螺旋上升。

图 2-1　PDCA 循环管理的 7 个步骤

王某是某企业的管理者，在他刚刚担任管理者时一筹莫展，不知道该怎么办，后来渐渐变得游刃有余。有很多新人会向其讨教，究竟该如何管理呢？王某告诉新人，我每天都做PDCA，每天都在不断进步。

每天一到公司，王某就开始为今天的工作制定计划：

需要做哪些事？最主要的事是哪几件？

人员如何分配？具体检查哪件事？

哪些地方容易出问题？哪个员工容易出错？

在规划好以后，王某就向下属布置工作，并定好检查的时间，重点检查要紧的工作和容易出错的人。

一天结束以后，王某会对今天的工作做个总结，哪些地方完成的很好，哪些地方还有待改进，并为第二天的计划做准备。

通过运用PDCA管控系统，管理者能够慢慢进步。这种循环管理方式进入中国后，经过实践将PDCA简化为4Y管理模式。4Y即Y1计划到位、Y2责任到位、Y3检查到位、Y4激励到位。4Y强调结果导向，因为结果决定着企业的有效产出。

2.1.3 波特五力模型

波特五力模型是迈克尔·波特于20世纪70年代初提出。他认为行业中存在着决定竞争规模和程度的5种力量，这5种力量综合起来影响着产业的吸引力以及企业现有的竞争战略决策。

这5种力量分别为同行业内现有竞争者的竞争能力、新进入者的竞争力、替代品的替代能力、供应商的议价能力以及购买者的议价能力。具体内容如表2-1所示。

表 2-1　波特五力模型的具体内容

5 种力量	具体内容
同行业内现有竞争者的竞争能力	现有企业之间的竞争常常表现在价格、广告、产品介绍、售后服务等方面，其竞争强度与许多因素有关。而导致竞争加剧的因素也有很多，比如： 1. 势均力敌的竞争对手较多，竞争参与者范围广泛。 2. 市场趋于成熟，产品需求增长缓慢。 3. 竞争者企图采用降价等手段促销。 4. 竞争者提供几乎相同的产品或服务，用户转换成本很低
新进入者的竞争力	新进入者希望在现有市场中赢得一席之地，就会与现有企业发生原材料与市场份额的竞争，新进入者产生威胁的严重程度取决于两方面的因素： 1. 进入新领域的障碍大小，包括规模经济、产品差异、资本需要、转换成本、销售渠道开拓、政府行为与政策、地理环境等方面。 2. 预期现有企业对于进入者的反应情况
替代品的替代能力	替代品的竞争会以各种形式影响行业中现有企业的竞争战略： 1. 现有企业产品售价以及获利潜力的提高，将因为替代品而受到限制。 2. 由于替代品的侵入，使得现有企业必须提高产品质量、或者通过降低成本来降低售价、或者使其产品具有特色，否则其销量与利润增长的目标就有可能受挫。 总之，替代品价格越低、质量越好、用户转换成本越低，其所能产生的竞争压力就强
供应商的议价能力	供应商的议价能力会影响产业的竞争程度，一般来说，满足如下条件的供应商会具有较强的议价能力： 1. 供应商有比较稳固市场地位，不受市场剧烈竞争困扰的企业所控制，其产品的买主很多，以致于每个买主都不可能成为其重要客户。 2. 供应商的产品具有一定特色，以致于买主难以转换或转换成本太高，或者很难找到替代品。 3. 供应商店大欺客

续上表

5种力量	具体内容
购买者的议价能力	购买者主要通过其压价与要求提供较高的产品或服务质量的能力，来影响行业中现有企业的盈利能力。购买者议价能力影响主要有以下原因： 1. 卖方的购买者总数较少，而每个购买者的购买量较大，占了卖方销售量的很大比例。 2. 卖方规模较小。 3. 购买者所购买的产品可同时向多个卖主购买

按照这种模型我们可以试着对企业进行分析，看看企业的市场竞争力，以便高层领导策划企业当前和未来的战略发展，如下面的案例所示。

张某是某电子公司的市场部总监，该公司旗下主营电子产品，不过由于电子产品的竞争力越来越大，所以公司高层非常看重企业在市场上的竞争力。张某根据高层下达的任务开始分析手机产品的竞争力和运营模式。

首先是对新进入者进行分析，张某认为该公司的销售模式极易被复制，其采用了轻资产模式，通过官网、淘宝、京东等各类网上运营商和移动运营商的合作进行销售，没有传统的手机销售渠道。当然，他认为公司要利用好线上销售的优势，在研发、生产、设计等方面与广大网友和老客户沟通，通过互动获得产品的不足之处及其他的市场信息。

接着对行业内的现有竞争进行分析，张某认为本公司的手机产品竞争力较低，主要有两方面的原因。

1. 市场太广，手机厂商层出不穷，还有国外的苹果、三星占据市场份额。而很多国产手机，价格实惠，性能也还不错，也渐渐被中年人接受。

2. 本公司的产品受众小，比起大牌的华为、三星，竞争力较弱。

对于本公司的供应商议价能力分析，张某认为公司没有优势可言，当初进入市场的时间也较晚，所以没有形成属于自己的手机供应链。而公司主打高性价比，所以手机零件全部来自国内外知名品牌商。供应商在议价上有巨大的优势。

而公司的购买者以年轻人为主，虽然价格并不昂贵，但是由于采用线上销售模式，避免了讨价还价的过程，所以购买者的议价能力较低。公司的优势还是有的。

最后是关于替代品威胁的分析，现在的手机市场更新换代太快，销售很难不受到影响，手机系统和硬件的不断更新，还有成本的不断降低，这些对公司产品的市场地位都会产生影响。

通过上述案例的分析，最后可以得出该公司的手机产品优势不大，在市场竞争、替代品、供应商议价上都急需改变策略，否则会直接影响公司的未来发展。

2.1.4　SCP 分析模型

SCP 分析模型，SCP（structure–conduct–performance，结构 – 行为 – 绩效）模型由美国哈佛大学产业经济学权威贝恩、谢勒等人建立于 20 世纪 30 年代。其基本涵义是市场结构决定企业在市场中的行为，而企业行为又决定市场运行在各个方面的经济绩效。SCP 模型从特定行业结构、企业行为和经营绩效 3 个角度来分析外部冲击的影响。其分析框架如表 2–2 所示。

表 2-2　SCP 分析框架

框架	具体内容
外部冲击	主要是指企业外部经济环境、政治、技术、文化、消费习惯等因素的变化
行业结构	主要是指外部各种环境的变化对企业所在行业可能产生影响，包括行业竞争的变化、产品需求的变化、细分市场的变化、营销模型的变化等
企业行为	主要是指企业针对外部冲击和行业结构的变化，有可能采取的应对措施，包括企业方面对相关业务单元的整合、业务的扩张与收缩、营运方式的转变（定价、批量、广告 / 促销、新产品 / 研发、分销）、管理的变革等一系列变动
经营绩效	主要是指在外部环境方面发生变化的情况下，企业在经营利润、产品成本、市场份额等方面的变化趋势

下面以某保险公司为例，通过 SCP 分析模型来了解其市场结构、企业行为和经营绩效。

某保险公司为了加快发展，特地对企业的经营现状进行分析，希望能对接下来的战略部署有所启发。公司内部的管理者王某采用了 SCP 分析模型进行分析。首先对市场结构进行分析，王某从 3 个方面入手。

1. 市场集中度。由于人寿保险、太平洋保险和平安保险 3 家公司长期占据市场较大份额，所以市场集中度一直较高。同时，由于新的保险公司不断加入市场，所以竞争加剧。

2. 保险产品差异化程度。保险产品的差异主要体现在险种设置、保险责任和保险费率等方面，本公司的险种集中在车险、企业险、农业险，不过各公司之间产品的相似度很高。

3. 市场障碍。我公司进入市场晚，很多保险公司已经有了完善的机构网络，而且品牌知名度也高，不过好在政策壁垒门槛很低，能够达到要求。

王某对企业行为的分析主要从品牌宣传、企业扩张、人才竞争、服务竞争和价格竞争 5 个方面进行，具体内容如下。

1. 随着公司市场份额的加大，可以适当在品牌宣传方面投入成本，以便赢得客户的认同。

2. 开设分支机构对企业扩张有极大的帮助。近年来，公司的分支机构不断增多，在保险市场上的份额也在增大。

3. 现今，保险业人才资源稀缺，流动量大，所以竞争较大，尤其是高层管理者。

4. 保险行业以服务赢得客户，所以要在服务手续、服务范围、服务理念上不断改进，在细节处做好每一步。这一点我们公司做得还是可以的，对投诉和热线的处理都非常及时。

5. 价格竞争主要体现在费率优惠上，我们公司可以好好利用这一点，在价格上争取更多的客户。

依据公司的现有发展，公司可以稳中求进地经营，渐渐加快绩效增长，可从增加保险业务和拓宽服务领域入手。

通过以上对某保险公司的 SCP 分析，我们可以了解到一切与公司未来发展、运营有关的情况，从而做出运营计划，改进产品和运营模式。

2.1.5　波特价值链模型

价值链是一个商业体系，用来详细描述企业营运或功能行为的顺序。企业内常使用的是波特价值链模型，把企业内外价值增加的活动分为基本活动和支持活动。其基本内容如表 2–3 所示。

表 2-3　企业价值活动的类型

类型	涉及内容
基本活动	进料后勤：与接收、存储和分配相关联的各种活动，如原材料搬运、仓储、库存控制、车辆调度和向供应商退货
	生产作业：与将投入转化为最终产品形式相关的各种活动，如机械加工、包装、组装、设备维护、检测等
	发货后勤：与集中、存储和将产品发送给买方有关的各种活动，如产成品库存管理、原材料搬运、送货车辆调度等
	销售：与提供买方购买产品的方式和引导他们进行购买相关的各种活动，如促销、销售队伍建设、渠道建设等
	服务：与提供服务以增加或保持产品价值有关的各种活动，如安装、维修、培训、零部件供应等
支持活动	采购：包括企业生产原料的采购，也包括支持性活动相关的购买行为，如研发设备的购买等
	研究与开发：每项价值活动都包含着技术成分，无论是技术诀窍、程序，还是在工艺设备中所体现出来的技术
	人力资源管理：包括各种涉及所有类型人员的招聘、培训、开发和报酬等各种活动。人力资源管理不仅对基本和支持性活动起到辅助作用，而且支撑着整个价值链
	企业基础设施：企业基础设施支撑了企业的价值链条

对企业价值链进行分析的目的在于对公司的运营环节进行划分，并找出可以提高客户价值或降低生产成本的环节，主要考虑以下 3 点。

◆ 如何在降低成本的同时维持收入不变。

◆ 如何在提高收入的同时保持成本不变。

◆ 如何在降低工序投入的同时保持成本收入不变。

一旦建立价值链，将有助于内部管理者准确地分析价值链各个环节所增加的价值。不仅如此，现在企业之间组合价值链联盟的趋势也越来越明显。

|2.2|

阿米巴经营模式

阿米巴经营模式就是将整个公司分割成许多个被称为阿米巴的小型组织，让其自行制定各自的计划，并依靠全体成员的智慧和努力来完成目标。通过这种做法，让每一位一线员工都能成为主角，主动参与经营，进而实现“全员参与经营”。

目前中国企业进行借鉴和改良所形成的“三人小组”模式也属于阿米巴经营模式的一种。

2.2.1　阿米巴经营哲学的核心观念

1959 年，稻盛和夫在几位朋友的好心帮助下成立了京瓷公司，而且在 1984 年成立了第二电信公司 KDDI。稻盛和夫采取“阿米巴经营”的经营模式，让这两家公司一直保持高收益。

实际上，京瓷公司共经历了 4 次全球性的经济危机，不过始终屹立不倒，并且不断发展。上世纪 90 年代末期，亚洲金融风暴令日本很多大公司都出现问题，却让名不见经传的京瓷公司成为东京证券交易所市值最高的公司。

这让所有的经济学家、企业管理者纷纷开始研究京瓷公司，发现京瓷公司的经营方式与“阿米巴虫”的群体行为方式非常类似，于是得名“阿米巴经营”。

“阿米巴”（Amoeba）在拉丁语中是单个原生体的意思，属原生动物变形虫科，虫体赤裸而柔软，其身体可以向各个方向伸出伪足，使形体变化不定，故而得名“变形虫”。

变形虫最大的特性是能够随外界环境的变化而变化，不断地进行自我调整来适应所面临的生存环境。这种生物由于其极强的适应能力，在地球上存在了几十亿年，是地球上最古老，最具生命力和延续性的生物体。

在阿米巴经营方式下，企业组织也可以随着外部环境变化而不断“变形”，调整到最佳状态，即能适应市场的不断变化。

阿米巴经营哲学有3个核心观念：信任原则、敬天爱人和利他思想，其内容分别如表2–4所示。

表2-4 阿米巴经营哲学

核心观念	具体内容
信任原则	阿米巴经营模式是建立在信任的基础上，企业经营者与员工之间要有充分的信任，真诚对待员工，完全信任员工，并且以无私之心作为做事的前提
敬天爱人	指的是对员工要有爱心，遵循客观规律，这对经营者有较高的要求，即待人接物要得体，时刻反思自己的过错，虚心接受员工的批评和建议
利他思想	利他思想主要强调无私奉献的精神，要将私心与企业经营分开，为员工、企业谋取更大的利润，这样自己也能获得更多的利润

2.2.2 阿米巴经营的三大目的

阿米巴经营是一种全员参与型的经营方式，在实施这种经营方式的时候不能按部就班的操作。管理者应循序渐进，首先搞清楚这种经营方式的目的再实施，阿米巴经营主要有以下三大目的。

（1）建立“阿米巴”核算制度

在京瓷公司发展初期，顾客对精密陶瓷这种全新材料还不了解，因此每种产品的市场都不大，不会产生重复订单，往往有很多新产品的订单。这样几个月后，做出的成本核算已经没有任何价值了。

所以为了适应不断变化的市场环境，对成本进行时时管理，稻盛和夫以利益最大化、成本最小化为原则，将日益扩大的企业划分为若干个较小的工作单元，在公司内部进行相互购销。

由各个工作单元核算成本，再汇总至高层，就可了解整个公司的实际经营状况。慢慢地，京瓷公司有了小工作单元的部门核算制度。

面对产品分类较多的情况，为了实时掌握市场变化，需要划分小的组织单元，并且进行经营所必须的收支计算。不仅如此，还要建立一套阿米巴核算的体系，主要内容包括各组织单元的收入和经费，两者的差额以及每小时附加价值（差额/总劳动时间）等。

将这些内容通过表格制作出来，与经营目标对比，每个组织单元的领导就可以实时掌控经营进展情况，采取相应措施。

（2）培养经营者

在公司分为若干个小的组织单元后，每个小的单元会产生组织领导，拥有经营权，这样员工摇身一变就成为了“领导者”，这正是经营者意识的开端。

即使公司规模不断扩大，组织内部也能不断划分为若干个小单元，采取独立核算，了解本单元的运营。

（3）实现全员参与的经营

一个公司的经营不仅仅靠经营者，更多的是靠员工的努力，如果每一个员工都能在一个组织单元内认真工作，那么既能实现自己的价值，又能为公司带来价值，最终实现“全员参与的经营”。

2.2.3 建立阿米巴核算系统

在实施阿米巴经营模式时，最重要的是建立每个小单元的核算系统，而建立核算系统的重点是要分清责任，否则最后只能由管理者来担责。尤其我国还有很多企业是粗犷型企业，很多基础性的工作还做得不好。如下例所示。

某企业销售部近期接到产品订单，需要尽快生产出500罐牛肉罐头，加工部门向采购部门提交需要的物料，需要辣椒酱300斤，采购部接到后立即着手采购，最后加工部门只用了280斤就生产出了500罐牛肉罐头。最后剩下20斤辣椒酱彻底没用，没有创造利润，还付出了成本，而且由老总买单。

虽然上例中销售、加工、采购部门都履行了自己的职责，但也确确实实造成了公司的损耗。经营者要通过阿米巴模式经营企业，首先要做好财务核算，主要以如下7个原则为指导。

- 以现金为基础的原则（保证现金流畅通）。
- 一一对应原则（避免经营过程中的漏洞）。
- 实事求是原则（不做无用的工作）。
- 完美主义原则（不做敷衍的工作）。
- 双重确认原则（有效分权和授权，防止管理中的一些漏洞造成损耗）。

◆ 提高核算效益的原则（变财务会计为管理会计，即时反映经营状况）。

◆ 透明经营原则（经营透明化，让员工对企业更加了解）。

阿米巴经营模式对财务核算的准确性和及时性提出了高要求，所以不能按照基本的财务管理来经营企业，首先要建立独特的会计体系，它与传统的会计体系有较大的区别，如表 2–5 所示。

表 2–5　阿米巴会计与传统会计体系的区别

方面	具体区别
服务对象	传统会计是为公司股东和高层领导人提供财务数据及报表的，而阿米巴会计是为企业中的所有经营者（包括小单元经营者）提供财务数据
数据周期	传统会计一般以月度或年度为周期，将一段时期内的财务数据进行汇总分析，提交上级；而阿米巴会计可以天、周、月度、年度为周期，对短期和长期内的经营状况进行统计分析，形成结论，以便经营过程中实时调整
科目设计	传统会计严格按照企业会计准则、财务报表规则、商法、税法等进行科目设计；阿米巴会计则根据企业的业务种类和规模、组织单元、主要产品、区域以及不同项目来建立核算体系，并核算出阿米巴单元的单位时间附加值

稻盛和夫先生曾说过：“无论是在公司还是出差，我都第一时间看每个部门的《阿米巴经营会计报表》”。那么阿米巴会计体系里的会计报表应该包括哪些内容呢？

一是收入，即各组织单元的净收入，收入主要来自产品的销售，其计算公式如下。

净收入 = 内部交易收入 + 对外销售收入 – 产品损耗 / 退回金额 – 采购金额

二是各组织单元周期内所产生的成本，包括原材料成本、辅料成本、人工成本、运营费用和分摊费用。

三是各组织单元周期内所产生的工时，可分为 3 个部分。

- ◆ 单元内产生的工时，即工作人数 × 工作时间。
- ◆ 其他单元（高层人员）的工时分摊。
- ◆ 加班工时。

除了独特的会计体系，定价也是阿米巴经营核算的核心内容，在阿米巴模式下定价交易，要注意以下几个要点。

①参与人员一定要称职，既要关注本单元的短期业绩，又要关注长期业绩。

②每个单元要有议价机制。

③管理者应将损益表中反映的盈利能力视作业绩评价的一个重要指标。

④每个单元有自由购销权，即采购经理可有外购的自由，销售经理也有外销的自由。

2.2.4 阿米巴模式的优势和难点

阿米巴经营模式的本质是一种量化的赋权管理模式，与经营哲学、经营会计一起构成完整的经营管理模式。这种模式的优势很明显，有以下 5 点。

- ◆ 提高了员工参与经营的积极性，增强员工的动力，为企业快速培养人才。
- ◆ 小集体是一种使效率得到彻底检验的系统，能够将“销售额最大化、经费最小化”的经营原则在企业内部彻底贯彻。

- 企业领导人能够时刻掌握企业经营的实际状况，及时做出正确的决策，降低企业经营的风险。
- 把大企业化小经营，能够让企业在保持大企业规模优势的同时，具备小企业的灵活性。
- 组织能够灵活应对市场环境变化而迅速调整，帮助企业在竞争中立于不败之地。

有优势的经营模式当然也会同时存在难点，管理者要尽量避开这些推行过程中的潜在难题。如表 2-6 所示。

表 2-6　阿米巴模式的难点

难点	具体内容
贯彻经营理念	如何让员工与企业成为“精神共同体、命运共同体、目标共同体、利益共同体”，如何释放员工潜能
看清经营状况	如何划分复杂的公司组织、掌握实际经营状况
量化授权	推行阿米巴模式必须处理好经营权下放的问题，但是如何量化经营授权并预防风险
独立核算	生产、销售、采购等部门实施独立核算比较容易，财务、行政人事、信息等部门应如何开展
内部定价	企业内各部门之间的定价非常关键，如何确定大家都能接受的交易价格
避免单元隔阂	经营组织细分后，如何避免大家“各自为政”，服从公司整体利益
组织设计	企业的组织结构要求能够灵活应对市场变化，如何实现
贯彻经营原则	如何全员贯彻“销售额最大化、费用最小化”的经营原则
培养经营人才	如何快速培养出一批“与企业家理念一致”的人才
循环改善	中国企业如何实现“循环改善”，将经营模式本土化

2.3 知名企业的经营管理范例

市场竞争无时不在，企业在激烈的竞争中也不能总是全身而退。很多的企业因为经营模式有问题，被市场无情地淘汰。而那些企业中的佼佼者，则成为知名的大企业，并有了一套适合自己的发展模式，中小企业也可以参考大型企业的经营模式，从中吸取经验，帮助自己更好的发展。

2.3.1 海尔的 OEC 管理模式

海尔集团创立于 1984 年，是全球大型家电品牌，目前已从传统制造家电产品的企业转型为面向全社会孵化创客的平台。2018 年 12 月，世界品牌实验室编制的《2018 世界品牌 500 强》揭晓，海尔集团排名第 41 位。

海尔借鉴国外先进的管理方法，创造了 OEC 模式，称之为海尔的管理模式。

1999 年 7 月中旬，美国洛杉矶地区的气温高达 40 多度，洛杉矶的居民都尽量减少出门。

美国海尔贸易有限公司正向洛杉矶运送洗衣机零件，不过由于运输公司驾驶员的疏忽，多运了一箱洗衣机零件。这并不是很严重的失误，对于公司的经营也不会产生影响，之后再找机会调回零件即可。但美国海尔贸易有限公司零部件经理丹先生却在 40 多度高温的环境下将这箱零部件及时调换回来，他认为今日事今日毕，当日的工作一定要当日完成。

通过上面的案例可以看出，在“OEC”管理法下企业内的工作氛围和员工的工作态度。

“OEC”（英文为 Overall Every Control and Clear 的缩写）管理法，即全面质量管理法，其内容为 Overall（全方位）、Everyone（每人）、Everything（每件事）、Everyday（每天）、Control（控制）、Clear（清理）。所以“OEC”管理法也可表示为：“日事日毕、日清日高”。

“OEC”管理法由 3 个体系构成：目标体系、日清体系和激励机制。首先确立目标、分解目标，通过“日清卡”完成确定的目标工作，而管理者根据日清结果进行绩效激励。

对于一般的企业来说，“OEC”管理法也是非常合适的，不过不能照搬，还是要结合企业自身的环境、文化，从基础入手推行该管理方法，而且这种管理方法单独使用效果不大，需要与其他的管理方法相结合，如 PDCA 管理法。

2.3.2　星巴克的直营模式

星巴克（Starbucks）是美国一家连锁咖啡公司，1971 年成立，是全球最大的咖啡连锁店，其总部坐落在美国华盛顿州西雅图市。

星巴克旗下零售产品包括 30 多款全球顶级的咖啡豆、手工制作的浓缩咖啡和多款咖啡冷热饮料、新鲜美味的各式糕点食品以及丰富多样的咖啡机、咖啡杯等。

星巴克在全球范围内已经有近 21 300 间分店遍布北美、南美洲、欧洲、中东及太平洋区。2018 年 12 月，世界品牌实验室编制的《2018 世界品牌 500 强》揭晓，星巴克排名第 32 位。

星巴克 1971 年在西雅图的帕克市场开了第一家店。当时公司规模很小，但创业初期就有远大的抱负。公司 1982 年公开上市，离最初创办已有 10 年。起步时虽不起眼，但公司现在已占有了专业咖啡市场的 40%，并且这方面的预期增长让其有进一步增长拓展的大量机会。

2009 年，星巴克在全世界 39 个国家拥有超过 13 000 家门店，145 000 名员工。星巴克的最终目标是要在全球开设 25 000 家连锁店，就像麦当劳快餐店那样，无处不在。

在进入中国市场后，星巴克不断扩大门店数量，在中国形成了都市文化的代名词。

“我不在办公室，就在星巴克；我不在星巴克，就在去星巴克的路上”，这句经典广告语被许多都市白领接受。它所标志的已经不只是一杯咖啡，一间咖啡馆，而是一个品牌。

星巴克咖啡国际公司总裁约翰·卡尔弗在一次企业峰会上表示，希望中国成为星巴克在美国以外最大的国家。

从星巴克的扩张过程中我们可以学习到其投资模式与合作模式是非常灵活的，要想进行跨国经营，就要根据世界各地不同的市场情况采取不一样的经营模式。一般来说跨国经营有 3 种：合资公司、许可协议、独资自营。

星巴克在全球各地一直采用直营模式，所有分店都由总部进行统一管理和培训，以保证世界各地的消费者所接受到的服务是真正的星巴克服务。直营模式的几大优点如下所示。

◆ 可以统一调动资金，统一经营战略。

◆ 作为同一大型商业资本所有者，拥有雄厚的实力，有利于同金融界、生产厂商打交道。

◆ 在人才培养使用、新技术产品开发推广、信息和管理现代化方面，易于发挥整体优势。

◆ 众多的成员店可深入消费腹地，扩大销售。

星巴克通过直营的方式不仅统一贯彻自己的经营策略，还因地制宜，根据不同地区的消费者偏好，开发适合的产品。既带来了利润，又不用承担资金不足的问题。

星巴克经营模式对我国很多企业发展壮大，走向国际市场有很大的借鉴意义。一般的企业进入国际市场时，也应该采取分区域逐步渗透与进入的模式，并且在适当的时机寻求经营模式的转变。

2.3.3　沃尔玛的供应链模式

沃尔玛百货有限公司，即沃尔玛公司（WalMart Inc.），是美国的一家世界性连锁企业，以营业额计算为全球最大的公司，其控股人为沃尔顿家族。总部位于美国阿肯色州的本顿维尔。

沃尔玛主要涉足零售业，是世界上雇员最多的企业，连续 5 年在美国《财富》杂志世界 500 强企业中居首位。

沃尔玛公司有 8 500 家门店，分布于全球 15 个国家，在美国 50 个州和波多黎各运营。沃尔玛主要有沃尔玛购物广场、山姆会员店、沃尔玛商店、沃尔玛社区店四种营业方式。在 2018 年《财富》美国 500 强排行榜上，沃尔玛连续六年蝉联榜首。

20 世纪 80 年代以来，大型零售连锁店开始崛起，世界上最大的零售商沃尔玛公司之所以能从1962年创业时的小杂货店，发展成为当今世界最大的零售巨头，与其建立高效的供应链有着密切关系。

早在1982年，沃尔玛公司就开始实施采购销售时点系统研究，到1985年，运行与制造商的数据交换系统，提高了订货速度和准确性，节约了相关业务的成本。

现在，沃尔玛公司把进货和库存控制的职能转移给供应商，通过一体化信息系统，制造商能掌握商品的销售、库存动态，可实时补充库存。

正是在这种背景下，美国大型生产商宝洁公司（Procter&Gamble）和美国第一大零售商沃尔玛结成了战略联盟，开始了一种新型的产销合作关系，在实践上向供应链管理发展，取得了令人惊叹的业绩。

这种供应链式的管理对很多企业大有启发，一些中小企业都希望和知名的大型企业建立供应链关系，这样更有利于自己与同行业的公司竞争。企业在供应链上获得了优势，不仅节约了供应、生产和物流各环节的时间，而且拉低了价格，以较低的价格在市场竞争中具备较大的优势。

这种供应链的经营模式通过建立战略合作关系，利用集中型仓库、数据共享，影响着整个供应链上所有企业的运营，可谓强强联手、无往不利。

2.3.4 福特公司的改革

公司及品牌名“福特”来源于创始人亨利·福特（Henry Ford）的姓氏。福特汽车公司是世界上最大的汽车生产商之一，成立于1903年，旗下拥有福特（Ford）和林肯（Lincoln）汽车品牌，总部位于密歇根州迪尔伯恩市（Dearborn）。除了制造汽车，公司还设有金融服务部门，即福特信贷（Ford Credit），主要经营购车金融、车辆租赁和汽车保险方面的业务。

凭借创始人亨利·福特的“制造人人都买得起的汽车”的梦想和卓越远见，福特汽车公司历经一个世纪的风雨沧桑，终于成为世界四大汽车集团公司之一。

2008 年经济危机时，福特是唯一一家没有经过国家救济而自己走出经济危机的汽车集团。在 2018 年的《财富》世界 500 强排行榜，福特汽车公司位列第 22 位。

1903 年福特公司成立的时候并没有什么系统的管理模式，并且世界上已经有很多汽车制造公司了。福特公司在不断发展的时候也不断借鉴其他企业的经营模式。

1913 年末，福特公司的产量过大，为满足市场需求，创立汽车装配流水线。让每位工人在固定的位置做一件工作，节约了不少工时。在海兰园设立了第一条总装线，几乎使装配速度提高了 8 倍，最终使每个工作日每隔 10 秒钟就有一台 T 型车驶下生产线。

在 1914 年 1 月 5 日，亨利·福特宣布公司 8 小时工作制的最低日工资为 5 美元，是当时工资水平的两倍以上（取代了 9 小时 2.34 美元的日工资标准）。

经历污染危机后，福特需要寻求新的发展。在 1918 年 1 月 4 日，开始建设庞大的汽车制造联合企业——荣格（Rouge）工厂，从污染企业向环保企业演变。并改变传统的资本主义对工人的剥削，为工人创造良好的环境，对厂房精心布置。现在已不断发展成汽车、福特信贷、自动化部件系统和租赁 4 个事业组成的庞大企业。

从福特公司的发展来看，其经营模式是在不断变化的，而这种变化也是为了适应市场及时代的发展。初期，福特公司以流水线生产为主，以谋取最高的生产效率，只因在福特公司发展初期其产量增长惊人。

在发展后，福特开始从工人入手实行“最低工资 5 美元”的改革，留住最好的技术工人，并开拓工人买车的市场。而为了适应更加现代的理念，如环保、人性化、跨界，福特公司也经历了危机，并着手转型，最终成为难以撼动的世界企业。

现代企业很难单一发展，要想在竞争中生存，多样化发展也是一种选择，比如汽车公司可发展汽车清洁、汽车美容；饮品企业可发展纪念马克杯。就连微信这样的聊天软件也要具备多种功能，如支付、水电缴费和信贷等。

2.3.5 联想集团的经营模式

联想集团是 1984 年中国科学院计算技术研究所投资 20 万元人民币，由 11 名科技人员创办的，是中国的一家在信息产业内多元化发展的大型企业集团和富有创新性的国际化的科技公司。

从 1996 年开始，联想电脑销量一直位居中国国内市场首位；2005 年，联想集团收购 IBM PC（Personal computer，个人电脑）事业部；2013 年，联想电脑销售量升居世界第一，成为全球最大的 PC 生产厂商。

自 2014 年 4 月 1 日起，联想集团成立了 4 个新的、相对独立的业务集团，分别是 PC 业务集团、移动业务集团、企业级业务集团和云服务业务集团。2014 年 10 月，联想集团宣布了该公司已经完成对摩托罗拉移动的收购。

联想发展的初期，规模小，组织结构简单，主要有经理室、行政办公室、财务部和技术开发部等部门，没有所谓的高层和中层，由总经理负责公司的一切事物，这种模式对于公司经营管理的效率很有帮助。决策快、灵活性高。

经过几年的发展，联想集团的营业额已至亿元，为了满足发展需求联想招聘了不少优秀人才，不过由于资金和人员的增加，导致原有的模式不再适合公司，所以柳传志进行了一次结构调整，将权力收归集团。

在集中管理、分工合作的管理模式下，企业获得了一定的竞争优势，不过容易导致员工缺少经营意识，没有工作积极性。1993 年，联想内部出现了员工怠工的问题，销售任务没办法完全完成，外部的竞争也让联想的市场份额不断减少。

柳传志进行改革，开始尝试将集权和分权同时运用在企业经营中，在对员工放权的同时，又用财务让他们的目标一致。在 1994 年，联想在香港证券交易所成功上市，联想微机部正式成立。之后，联想电脑的研发、生产、销售都统一由微机部管理，联想进入利润增长的高峰期。

企业的经营管理模式需要针对公司的特点来选择，早期的联想规模小、人员少，组织机构简单能保证各部门员工之间有效地沟通和信息互换，领导的决策也能很快地实施，这样有助于企业的快速发展。

在人员、规模扩大后，这种模式显然行不通了，为了管理员工并让员工能分工协作，可以将公司划分为几个主体，如生产、研发、行政等，实行人员、资金统一调动管理，可产生更大的效益。随着企业的壮大，管理者必须要学会分权，让员工来管理，调动员工的积极性。

2.3.6　民生银行的管理政策

中国民生银行（英文名称：China Minsheng Banking Corp., Ltd.,

简称 CMBC）是中国大陆第一家由民间资本设立的全国性商业银行，成立于 1996 年 1 月 12 日。民生银行 A 股于 2000 年 12 月 19 日在上海证券交易所公开上市，民生银行的 H 股于 2009 年 11 月 26 日在香港证券交易所挂牌上市。2018 年《财富》世界 500 强排行榜第 251 位。

民生银行始终坚持“规规矩矩办银行，扎扎实实办银行和开动脑筋办银行”。

2005 年，民生银行开始酝酿公司业务组织架构改革，实行公司业务的集中经营；2007 年，民生银行正式决定全面启动公司业务事业部制改革；2009 年，民生银行董事会修订了 5 年发展纲要，提出了新的战略定位：做民营企业的银行、小微企业的银行和高端客户的银行，2010 年，民生银行继续推进新战略的实施，全行业务健康发展，改革创新有序推进，增长方式加速转变。

市场经济下的企业竞争，核心是人才的竞争，充分调动员工的积极性对于企业的健康发展至关重要。因此，一家企业能否建立起有效的激励机制，让全体员工愿意努力工作、创造价值，关系到企业的发展前景。从 1999 年起，民生银行积极建立现代商业银行的激励机制，“两率考核”“等级行制度”和“三卡工程”等都是重要的创新激励机制。

1999 年，民生银行董事会通过了以利润为中心的激励办法，并实行员工收入与利润增长挂钩。具体措施是：实行利润工资率与利润费用率“两率挂钩”，以“两率”推动创利，以“两率”控制成本；同时实行等级行制度，根据支行的利润贡献来决定支行行长的行员等级；另外还制定了以资产质量为中心内容的考核办法，防止出现短期行为和弄虚作假。

“两率挂钩”办法的实施，将银行利益、股东利益和员工利益结合在一起，提高了员工创利的积极性。而“等级行制度”则避免了千军万马都想走行政职务这条独木桥，只要绩效好，支行行长的行员等级甚至会和分行行长一样高，收入甚至会比分行行长高。

如何建立一个能留住人才、培育人才和使人才脱颖而出的机制呢？这也是民生银行激励机制的重要内容。2002 年，民生银行推出了“三卡工程”，就是实行全员管理的绩效卡、福利卡和培训卡，目的在于打造一支良好的团队，通过绩效卡有效地解决了定岗定位问题，使有为者之为在绩效卡上充分体现，解决好员工当前的分配问题；福利卡内有养老保险、补充养老保险、补充医疗保险，能解决好员工的未来分配问题；而培训卡以培育复合型人才为目标，对各类人才进行系统的培训，拓展人才的发展空间，让各类人才在不同的平台实现自身的价值。

这个保障激励机制对民生银行核心竞争力的形成和凝聚起到了巨大的推动作用。有了这些激励保障机制，民生银行的员工保持了高度的稳定性，全身心为民生银行的事业而奋斗。

正是在这种激励机制下，民生银行实现了跨越式发展，在 2001 年到 2005 年创造了总资产年复合增长超过 70%，净利润年复合增长超过 160% 的奇迹。

民生银行通过一系列的改革措施对企业内的经营管理进行改善，使得企业利润不断升高。其激励机制主要是“两率考核办法”“等级行制度”和“三卡工程”这 3 种。

现在两率考核制度是很多商业银行绩效考核的一种机制，两率是指利润费用率和利润工资率。通过在预算管理的基础上，确定合理的利润费用（工资）比例，一般来说将计划利润与全额费用挂钩，将超额利润与变动费用挂钩。

而三卡工程的三卡是员工的绩效卡、福利卡、培训卡，通过 3 方面的激励让员工更好地为企业服务，而无后顾之忧。

从员工晋升方面讲，每个企业都有自己的晋升体系，对于银行来说，薪酬是呈金字塔型的，阶段越高，薪酬越高。民生银行通过等级行制度，将绩效与薪酬挂钩的比例增强，让员工更注重实际的利润，这是值得所有企业学习的。

第3章

03

入职管理：流程操作要规范

企业每隔一段时间会进入招聘期，为公司选拔更多的人才。那么新员工入职，管理者应该怎样做才能使其快速地融入到企业环境中，了解企业的规章制度，成为合格的员工呢？首先要从入职手续开始，按步骤安排好员工的入职、培训、转正等管理工作。

|3.1|

入职准备要齐全

新员工入职对企业内的多个部门都会产生影响，不仅人力资源部主管要做好员工的入职安排，各部门主管也要做好培训准备和员工交接手续。

3.1.1　员工薪酬要分等级

薪酬等级是在岗位价值评估结果基础上建立起来的一个基本框架，它将岗位价值相近的岗位归入同一个管理等级，并采取一致的管理方法处理该等级内的薪酬管理问题。薪酬等级结构的确定，通常有 3 种基本的设计思路（或者说定薪基准），如表 3-1 所示。

表 3-1　薪酬等级结构的设计思路

设计思路	具体内容
基于职位	即根据岗位承担的职责来确定岗位的价值，根据岗位本身的价值来确定薪酬的高低。这是目前最普遍的薪酬设计基准，尤其是职能管理岗位和岗位职责比较固定的职位比较适合使用这种薪酬设计原理
基于能力	即根据任职者的能力素质的高低来确定其薪酬的高低。通常，科研人员、技术类员工比较适用这种薪酬设计原则
基于业绩	根据员工的实际业绩表现来决定其薪酬的高低。一个最极端的例子就是在销售人员中实行“零底薪、纯提成”的薪酬体系。其工资高低完全由其业绩决定。当然，随着新《劳动合同法》的实施，这个做法已经不再合法。员工底薪必须至少等于当地规定的最低工资标准

对于公司新招聘的员工来说，该如何定工资呢？一般来说要根据其所在岗位的薪资级别，再加上个人资历来匹配合适的等级。企业可以制定一张薪酬定级表，在其中将与定级有关的考核项目和标准确定好，以此来评定员工的等级，如下所示为薪酬定级审批表。

【实用模板】薪酬等级管理模板

模板\第3章\新入职员工薪酬定级审批表.docx

新入职员工薪酬定级审批表

<table>
<tr><td>姓名</td><td></td><td>学历</td><td></td><td>性别</td><td colspan="2"></td></tr>
<tr><td>所在部门</td><td></td><td>职务</td><td></td><td>入职日期</td><td colspan="2"></td></tr>
<tr><td>毕业学校</td><td colspan="2"></td><td>专业</td><td colspan="3"></td></tr>
<tr><td rowspan="14">入职测评</td><td>评价要素</td><td>权重</td><td>分数分配</td><td>评价指标</td><td>得分</td><td>备注</td></tr>
<tr><td rowspan="3">学历</td><td rowspan="3">20%</td><td>20</td><td>硕士及以上</td><td rowspan="3"></td><td rowspan="3"></td></tr>
<tr><td>16</td><td>大学本科</td></tr>
<tr><td>10</td><td>大专</td></tr>
<tr><td rowspan="4">职称</td><td rowspan="4">10%</td><td>10</td><td>高级职称</td><td rowspan="4"></td><td rowspan="4"></td></tr>
<tr><td>8</td><td>中级职称</td></tr>
<tr><td>6</td><td>初级职称</td></tr>
<tr><td>4</td><td>无职称</td></tr>
<tr><td rowspan="3">工作经历</td><td rowspan="3">20%</td><td>10</td><td>5年以上</td><td rowspan="3"></td><td rowspan="3"></td></tr>
<tr><td>8</td><td>1～5年</td></tr>
<tr><td>5</td><td>应届毕业生</td></tr>
<tr><td rowspan="3">其他</td><td rowspan="3">50%</td><td>10</td><td>外表衣着、举止礼仪</td><td rowspan="3"></td><td rowspan="3"></td></tr>
<tr><td>10</td><td>语言沟通能力</td></tr>
<tr><td>10</td><td>服务意愿</td></tr>
<tr><td colspan="7">以上各项分数相加所得进行评级，分别为差（60分以下）、一般（60～70分）、良好（70～80分）、优秀（80分以上）。差：直接淘汰；一般：留用，任职所在职等末级；良好：留用，升一级；优秀：留用，升二级。</td></tr>
<tr><td rowspan="2">入职定级</td><td colspan="6">试用期：______年______月______日至______年______月______日，共______个月</td></tr>
<tr><td colspan="6">试用期工资定为____等____级，______元，从______年______月______日生效</td></tr>
<tr><td rowspan="3">转正定级</td><td colspan="6">原工资级别为____等____级，现定工资级别为____等____级，从______年____月______日生效。</td></tr>
<tr><td>基本工资</td><td>岗位津贴</td><td>绩效奖金</td><td>管理加给</td><td colspan="2">总计</td></tr>
<tr><td></td><td></td><td></td><td></td><td colspan="2"></td></tr>
<tr><td>申请人</td><td colspan="2">签字：
日期：</td><td>工作部门审批</td><td colspan="3">评价意见：
签字：
日期：</td></tr>
</table>

上述模板是一般的企业都会用到的薪酬定级审批表，主要划分5个比较重要的部分。

一是员工个人信息部分。

二是入职测评部分。

三是入职定级。

四是转正定级。

五是申请人及各部门领导的审核签字。

第二个部分主要围绕评价要素、权重、分数分配、评价指标来设置，评价要素的设置可根据公司的侧重有所不同，一般会设置学历、工作经验、职称这3个重点考察内容，另外的要素可设置为技能、语言能力、外貌仪表等。

第五个部分需要设置成签字部分，除了申请人外，一般要设置工作部门领导审核、人力资源部审核和总经理审核，如何设置还需要企业自己选择。

对于管理规范的企业来说，薪酬等级的设置是非常严格的，并且会形成书面的制度和表格供人力部主管和各部门主管参考。在招聘时，人力部门只需确定新员工的应聘岗位，再审核其是否达标，对应相应的薪酬表即可。

3.1.2　安排入职培训

入职培训是公司对每一个初入公司的新员工介绍公司历史、基本工作流程、行为规范、组织结构、人员结构和处理同事关系等活动的总称，目的是为了使员工快速地融入这个团队。

入职培训形式可分为两大类，一类是传统型培训形式，主要有在职培训、现场培训、讲座培训与程序化教学培训等；另一类是新型培训形式，主要有非正规学习培训、试听化培训、模拟式培训、远程网络培训、户外式培训与咨询式培训等。

企业管理者在安排新入职员工进行培训之前，一定要做好培训前准备，如下所示。

◆ 培训排期

人力资源部根据公司的情况对培训内容按阶段排期，并确定培训日期，一般的企业都会经历以下两个阶段。

第一阶段（1 周），培训内容为企业文化、公司制度、薪资福利、员工职责和产品介绍等。

第二阶段（3 周），培训内容为岗前培训，方式有集中脱岗培训和在岗指导培训等。

一般来说，试用期以 1 个月为标准，可适当调整。有的企业还可将培训阶段分为 3 个或 4 个。

◆ 培训方式

入职培训的方式一般可分为线上或线下，集中培训或小组培训，脱岗培训（通过集中授课的方式了解岗位工作）或在岗培训（由专人进行指导或一对一辅导），也可以相互组合搭配，如线上线下结合。

◆ 培训资料

管理者依据培训内容准备相应的培训资料，如培训课件、《员工手册》《岗位指导手册》等。

◆ 课程安排

如要安排入职培训课程，最好编制《课程安排方案》，合理安排课程时间（课程时间和集体活动时间）、设备、资料和人员等。

在整个新员工培训期间，为了确保培训工作有序开展，并达到培训目的，管理者或讲师要做好培训计划书，下面来了解一下某企业的新员工入职培训计划书。

【实用模板】新员工入职培训计划书模板

模板\第3章\××酒店新员工入职培训计划书.docx

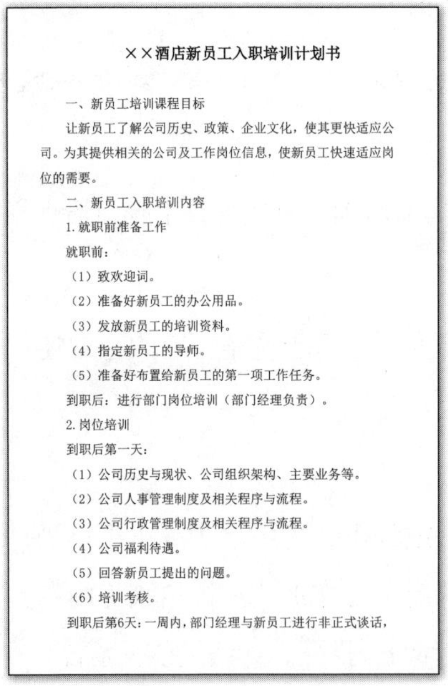

××酒店新员工入职培训计划书

一、新员工培训课程目标

让新员工了解公司历史、政策、企业文化，使其更快适应公司。为其提供相关的公司及工作岗位信息，使新员工快速适应岗位的需要。

二、新员工入职培训内容

1.就职前准备工作

就职前：

（1）致欢迎词。

（2）准备好新员工的办公用品。

（3）发放新员工的培训资料。

（4）指定新员工的导师。

（5）准备好布置给新员工的第一项工作任务。

到职后：进行部门岗位培训（部门经理负责）。

2.岗位培训

到职后第一天：

（1）公司历史与现状、公司组织架构、主要业务等。

（2）公司人事管理制度及相关程序与流程。

（3）公司行政管理制度及相关程序与流程。

（4）公司福利待遇。

（5）回答新员工提出的问题。

（6）培训考核。

到职后第6天：一周内，部门经理与新员工进行非正式谈话，

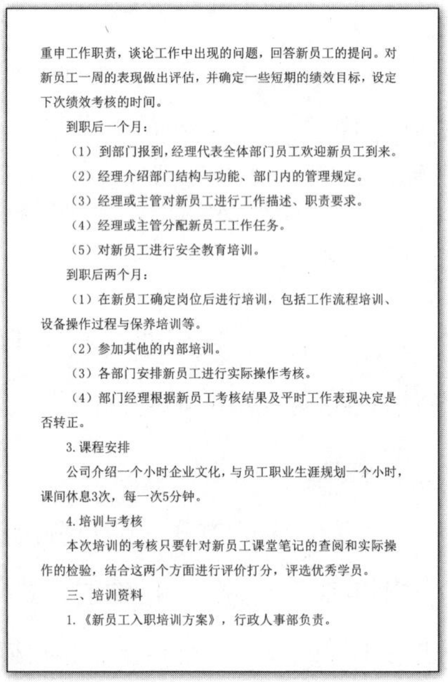

重申工作职责，谈论工作中出现的问题，回答新员工的提问。对新员工一周的表现做出评估，并确定一些短期的绩效目标，设定下次绩效考核的时间。

到职后一个月：

（1）到部门报到，经理代表全体部门员工欢迎新员工到来。

（2）经理介绍部门结构与功能、部门内的管理规定。

（3）经理或主管对新员工进行工作描述、职责要求。

（4）经理或主管分配新员工工作任务。

（5）对新员工进行安全教育培训。

到职后两个月：

（1）在新员工确定岗位后进行培训，包括工作流程培训、设备操作过程与保养培训等。

（2）参加其他的内部培训。

（3）各部门安排新员工进行实际操作考核。

（4）部门经理根据新员工考核结果及平时工作表现决定是否转正。

3.课程安排

公司介绍一个小时企业文化，与员工职业生涯规划一个小时，课间休息3次，每一次5分钟。

4.培训与考核

本次培训的考核只要针对新员工课堂笔记的查阅和实际操作的检验，结合这两个方面进行评价打分，评选优秀学员。

三、培训资料

1.《新员工入职培训方案》，行政人事部负责。

该新员工入职计划书围绕培训目的、培训时间、培训内容和培训资料设置内容，有的企业还会在计划书中加入新员工培训所需填写的表格，如以下一些表格。

1.《新员工岗位培训反馈表》。

2.《培训效果调查表》。

3.《新员工岗位培训总结表》。

【实用模板】培训内容模板

模板\第3章\新入职培训内容表.docx

新入职培训内容表

类别	内容
企业信息	企业概况（企业发展历史、经营理念、文化价值观、愿景等）
	企业组织结构
薪酬制度	社会保险、福利规定
	业绩评估方式、薪酬等级
	发薪日
公司制度	员工体检安排
	职业发展（晋升制度、深造机会）
	员工手册、行政制度、行为规范
	办公物品使用
工作要求	……

在新入职培训内容表中，除了按阶段安排培训课程，还应对培训的具体内容进行分门别类，并整理计划形成书面的表格，以便相关人员进行培训。

培训前的准备工作做好后，可以举行一次新员工入职演讲会或开班仪式，对一些基本的情况进行一个简单的介绍。

- ◆ 总经理或人力资源总监讲话。
- ◆ 对培训纪律、培训时间、培训课程的安排简单讲解。
- ◆ 下发《培训手册》，包括课程资料、培训人员名单。

【实用模板】培训名单模板

模板\第3章\培训人员名单表.docx

培训人员名单表

组别	性别	姓名	部门	组别	性别	姓名	部门
第一组				第二组			
第三组				第四组			
第五组				第六组			

培训人员名单表一般放在《培训手册》内，也可以单独下发，主要是为了让员工清楚自己的组别和小组成员，方便之后参与培训。名单除了姓名、性别外，还可以包含年龄、籍贯等信息。当然，最关键的信息还是员工的组别。

培训开始后，应由培训的讲师挑选负责人，即组长，方便培训期间的一些辅助管理工作。在培训期间，管理者或讲师可通过填写培训人员考核表，时刻了解培训人员的培训情况，并做好日常管理工作。

【实用模板】培训管理模板

模板 \第3章\培训人员考核表.docx

培训人员考核表

序号	课程名称	课时	课程内容	讲师
讲师评价				
学员评分		讲师评语（不足之处）		
日结				
出勤状况				
出勤情况			缺勤人员及原因	
应到：人　实到：人 迟到：人　早退：人 病假：人　旷课：人				

培训人员考核表的考核性质不强，更多的是作为记录使用，形成新入职员工的档案资料。所以该类表格的内容有所不一，主要包括以下一些内容：

1. 对入职员工的培训表现、活动表现做好记录。

2. 做好考勤记录。

3. 每节课程培训后，做好讲师与课程的评估。

除了课程培训，为了人性化地管理员工，企业管理者还可以安排集体活动，让员工彼此熟悉，并对公司环境有所了解。一般安排在早上上班后和下午下班前，假设培训时间是 9:00 ~ 18:00，可做如下安排。

- 早上 9:00 ~ 9:30，安排晨练或团队协作活动。
- 下午 17:00 ~ 18:00，可安排文体活动，比如歌唱比赛、篮球比赛，调动大家参与的积极性，同时展现新人的特长。

培训结束后，管理者要继续做一些收尾工作，一是对培训活动进行评估、总结；二是对参与培训的员工进行测评、给出评估结果，并反馈给人力资源部和应聘部门。

3.2 各类员工入职操作方法

企业根据需要的不同，招聘的员工类型也不同。有全日制员工、非全日制员工、实习员工和外籍员工等，员工类型不同，入职手续也有所区别，企业管理者应该有所区分。

3.2.1 全日制员工入职操作

根据《中华人民共和国劳动法》的规定，国家实行劳动者每日工作时间不超过 8 小时、平均每周工作时间不超过 44 小时的工时制度。累计工时每周超 24 小时就应该属于全日制用工。

企业管理者在办理全日制员工的入职手续时，要按照公司的标准流程来办理，入职流程主要可分为 6 个步骤。

（1）入职准备

入职准备主要分 4 步进行，首先人力资源部向合格者发送《录用通知书》；其次，确认新员工报到日期，通知新员工在报到之前来公司，并明确报到需注意事项，包括体检、提交基本资料及其他须知。一般来说，需要的资料如下所示。

◆ 身份证复印件或本人户口页复印件。

◆ 近期免冠照片（可在照片背面写上自己名字），一般用于工卡制作。

◆ 毕业证书、学位证书复印件（如有职称或职业资格证书，提供复印件），其他相关证书复印件。

◆ 与原单位解除劳动合同证明原件（离职证明）。

◆ 半年内国家二级甲等及以上医院的体检报告原件。

在办理员工入职时，重要的资料缺一不可，只有员工交齐资料后才能顺利入职，否则人事管理者应予以拒绝。

之后，还要通知新员工入职日期，依据《新员工入职通知单》内容落实各项工作。

①安排办公位，申领电脑、电话，发放办公用品。

②开通邮箱、账号、调试电脑设备等。

③办理员工工号及出入登记打卡。

最后，管理者要对员工入职信息进行登记，可通过企业系统录入、相关表格填制等方式录入。

（2）入职报到

通常新员工入职，人力资源部是需要通知部门主管，将新员工的个人情况、薪资待遇、就任岗位和入职时间说明清楚，并请主管审核。可通过口头汇报或提交审批表，请领导审核。

然后，人力中心向新员工发放《新员工报到工作单》，并按要求办理入职手续，让员工填写《入职登记表》，并交验各种证件。

之后，相关负责人为员工安置座位，介绍并帮助其熟悉工作环境。

部门主管需要为员工安排工作辅导员，介绍岗位职责和工作流程，保证各方面有序进行。

（3）入职手续

员工入职后，请员工填写《员工履历表》，由部门或人力资源部向新员工发放公司《制度汇编》，让员工了解公司情况及管理制度。并向员工发放《新员工入职手续清单》，逐项办理入职手续。

其中有一项重要的工作，人力资源部的负责人一定要注意，即为员工建立档案，最好在员工入职当日建立好档案。

之后，部门管理者要向新员工介绍公司管理层、公司同事以及环境，以便双方能更快适应。可通过电子邮件、当面介绍、发布入职信息和口头描述等方式进行。

后续的重点即签订《劳动合同》，要当天签订，以免出现后续纠纷。一般新员工入职属于试用期，签订试用期劳动合同即可。

（4）入职培训

签订合同之后，公司还会为新入职员工安排入职培训，而培训成绩也会作为转正的一项重要材料，所以人力资源部负责人要及时将新员工的培训成绩登记到系统里。

（5）转正评估

转正是新员工入职的必经阶段，也是管理者管理工作的一部分，一般员工的转正由用人部门和人力资源部进行审批并办理有关手续。

◆ 新员工工作实习期满，由人力资源部安排进行转正评估。

◆ 员工对自己在试用期内的工作进行自评。

◆ 直接经理负责最后的评估（直接经理的评估结果有决定性的作用）。

（6）入职结束

试用期结束后，人力部负责人将《新员工报到工作单》交由新员工填写，待各项工作落实后，归档人力中心。

全日制用工的入职操作较为复杂，相比之下非全日制员工的手续可就简单多了，由于其不算公司正式员工，负责人也能根据非全日制员工的特点减少自己的工作，如表 3–2 所示。

表 3–2　全日制用工与非全日制用工的区别

区别	全日制用工	非全日制用工
劳动时间	根据劳动合同法等相关法律法规的规定，平均每日工作时间为 8 小时，每周工作时间为 44 个小时	平均每日工作时间不超过 4 小时，每周工作时间累计不超过 24 个小时
报酬	按照公司规定的发薪日按月取得劳动报酬	一般以小时计薪，结算支付周期最长不超过 15 日，且工资标准不低于当地最低小时工资
劳动合同	一般来说，员工转正应立即签订书面劳动合同	可与一家或多家公司同时签订用工协议，用工协议可以是书面，也可以是口头协议
社会保险	企业必须为正式员工缴纳社保，即五险	原则上企业可不为非全日制员工缴纳社会保险，最低小时工资中已包含养老与医疗保险
解除劳动合同	企业与员工协商解除劳动合同，应按企业规定支付一定的补偿金	与企业协商解除协议，企业不用支付补偿金

3.2.2　实习员工入职操作

无经验学习人员简称实习生，泛指在某一专业的高年级或刚毕业的大学生，在有经验的工作人员的指导下学习实际工作经验，属于非正式雇用的劳工，通常以日薪计酬。

实习生不像正式的劳工能够享有退休金与每月最低工资的保障，可分成毕业和未毕业两类。企业聘用实习生的目的是处理短期出现的额外工作并培养成为能正式雇用的劳工。

人力部负责人对实习生入职的操作比起全日制正式员工来说要简单许多，具体操作步骤如图 3–1 所示。

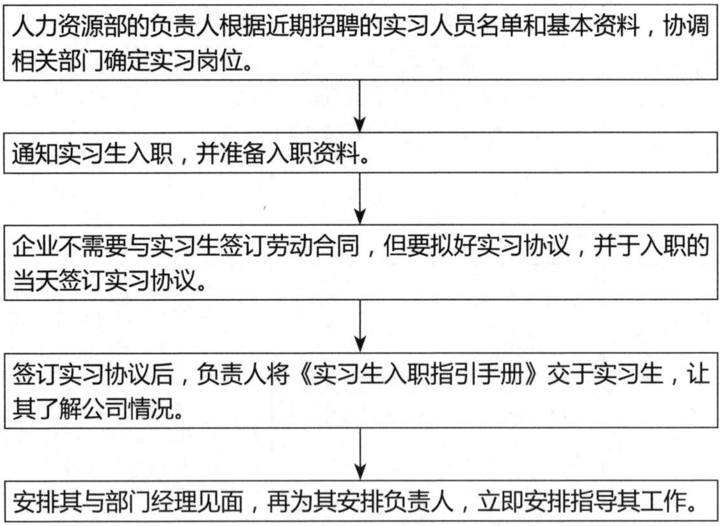

图 3–1　实习生入职具体操作步骤

实习生与全日制员工相比需要提供的材料不多，一般的企业只需要其提供身份证和学生证原件及复印件，有的企业可能还会要求提供 1 寸、2 寸证件照或学校的在读证明。如果是特殊岗位，可能还需要有相应的岗位证、健康证等资料。

【实用模板】实习生入职须知

模板 \第3章\实习生入职须知.docx

实习生入职须知

欢迎您加入××有限公司这个大家庭，公司从众多大学生中选择了你，这是对您的一种认可，也是我们的荣幸。为了给大家创造一个更好的工作环境，使我们的合作更加轻松愉快，请您仔细阅读以下入职须知。

1. 入职手续办理

实习生入职当天须携带学生证、身份证到人力资源部办理手续，未提交学生证、身份证的人力资源部将不审核实习鉴定。

2. 实习生作息时间：周一至周五上午9:30～12:00，下午13:45～17:30。

3. 出入规定

学生上下班以出入证为准，外出需写《员工外出单》，经负责人签字确认，登记在案。

4. 住宿规定

住宿期间须保持宿舍整洁，设施完整，如有损坏，照价赔偿。

5. 用餐规定

实习生报到当天可到行政部购买饭卡，须在规定时间内用餐，早餐7:40～9:00，午餐12:00～12:45，晚餐17:30～19:00。

6. 入职培训

实习生入职两日内，人力资源部会组织企业文化，公司制度等方面的入职培训。

7. 安全规定

实习期间，须注意自身安全、设备安全，办公物品要做到轻拿轻放。

8. 实习生必须严格遵守公司的制度，如对公司的管理等各方面需要了解的，可咨询部门领导和相关部门。

9. 实习生须尊重本公司的领导和员工。

对以上《实习生入职须知》本人已经清晰了解并同意，本人一定会严格遵守公司的相关管理制度，如有违反愿意接受公司相关处罚。

实习生签字：______

日期：___年___月___日

实习生入职须知与《实习生入职指引手册》的功能基本相同，就是让员工知道企业的基本情况和对实习生的一些规定，方便实习生尽快融入企业工作。

入职须知主要包括这些内容：入职手续、考勤须知、办公须知、基本行为规范、公司简介、部门职责等。公司规模越大，入职手册的内容越复杂。

除此之外还有一项重要的内容，有的企业会在入职手册中提到，即实习生转正的相关规定，包括转正时间、转正考核内容、需要的证件等，以供实习生参考。

3.2.3 外籍员工入职操作

由于我们进入了一个全球化的时代，企业的发展不再固步自封，有很多外国企业来中国寻求合作伙伴，也有很多企业将自己的商品出口到国外，有的企业将优秀人才送到国外去深造。当然在这样的经济形势下，很多的外籍人员也来到中国工作。

由于国籍、身份的不同，外籍人员入职的手续和流程肯定与普通员工有所区别。而且用人单位也需要具备一定的条件才能聘用外籍人员，具体内容如下。

- ◆ 公司依法设立，且没有严重违法失信记录。
- ◆ 外籍人员任职岗位有特殊需要，国内相关人才稀缺。
- ◆ 不违反国家有关规定。
- ◆ 企业支付薪资不得低于当地最低工资标准。
- ◆ 法律法规规定的应当由行业主管部门签字审批的，需经过批准。

经过人力资源部考核，外籍人才通过后就可准备入职，人力资源部相关负责人应做好哪些工作呢？如图 3-2 所示。

通知外籍人员入职时间，同时通知其到指定医院进行体检，确定没有携带任何传染性疾病。

↓

入职当天，负责人核对外籍人员的相关资料，包括体检报告、最高学历证明、有效护照或能替代护照的其他国际旅行证件、《外国人就业证》以及《外国人居留证》等证件。

↓

人力资源部负责人核对之后，将资料复印存档。

↓

与外籍人员签订聘用协议、保密协议等，签订之前，提醒对方仔细阅读，一旦签订，双方应按协议内容履行各自的职责与权利。

图 3-2 外籍人才入职准备工作

如果企业拟聘用的外籍人员没有办理《外国人就业证》《外国专家证》或《外国人居留证》，必须积极配合人资部负责人提交相关证明文件，由公司办理相关证件，这也是用人单位的法定义务，不过要注意只有经批准并取得就业许可证书后才能聘用。

【实用模板】外籍人员管理规定

模板\第3章\公司外籍人员聘用与管理制度.docx

公司外籍人员聘用与管理制度

一、目的

为加强外籍人员在公司就业的管理，确保外籍人员在公司正常工作、生活及各项活动的顺利进行，根据有关法律法规的规定，结合我公司实际，特制定本制度。

二、适用范围

本规定适用于公司内部签订聘用协议的外籍人员。

三、制度内容

1. 外籍人员指与公司签订聘用协议且依法获得《外国人就业证》、《外国专家证》、《外国常驻记者证》等就业证件和外国人居留证件，以及持有《外国人永久居留证》，在中国境内合法就业且无犯罪记录的非中国国籍人员。

2. 外籍人员的招聘

（1）公司根据业务发展需要，可聘用外籍人员，但在同等条件下一般聘用中国人员。

（2）被聘用外籍人员应持有有效护照或能替代护照的其他国际旅行证件、《外国人就业证》、《外国人居留证》等。

（3）公司一般不聘用未取得居留证件的外籍人员（即持F、L、C、G字签证者）、在中国留学实习的外籍人员及持就业签证外籍人员的随行家属。特殊情况，公司按照法律规定申领许可证书，应聘的外籍人员持许可证书到公安机关改变身份，并到相关部门办理就业证、居留证后予以聘用。

3. 外籍人员的入职

（1）外籍人员入职前需进行体检，确定不得携带任何传染性疾病。

（2）外籍人员持体检报告、最高学历证明、有效护照或能替代护照的其他国际旅行证件、《外国人就业证》、《外国人居留证》等证件按规定时间到公司报到。

（3）人力资源部审核证件，复印存档，并签订聘用协议、保密协议等。

（4）公司拟聘用的外籍人员如果未办理工作许可证、外国专家证、居留许可证，必须积极配合联络员提交相关证明文件，由联络员负责办理相关证件。

4. 外籍人员待遇

（1）外籍人员的考核与薪酬待遇等按照聘用协议有关条款执行。

（2）公司根据国家相关规定，为聘用的外籍人员办理社会保险。公司可根据情况为聘用的外籍人员购买一定的商业保险，具体险种和额度以聘用协议约定为准。

（3）聘用的外籍人员应按中国相关法律规定履行纳税义务。

（4）聘用的外籍人员如有出境情况须提报有关部门审批，并由联络员进行登记。

（5）聘用的外籍人员必须遵守公司相关规章制度，如有违反按公司相应规定处罚。

（6）聘用的外籍人员必须遵守中华人民共和国相关法律法规规定，不得从事违法犯罪活动。

（7）如外籍人员与公司聘用关系终止（含解除），外籍人员须及时交还就业证和居留证等有关证件，由负责人及时报告相关发证机关，为外籍人员办理出境手续。

四、本制度由人力资源部负责解释。

五、本制度自公布之日起执行。

外籍人员与公司招聘的普通员工不同，其招聘和管理需要受各种证件的制约，如就业许可证、居留许可证。所以有很多正规的公司会对这一方面的内容设置制度，主要内容包括外籍人员的招聘、入职、待遇等内容，并且会规定外籍人员在中国就业须具备的条件，一般有如下几条。

1. 年满 18 周岁，身体健康，无传染疾病。

2. 具有从事其工作所必须的专业技能、工作经历和资质证书。

3. 无犯罪记录。

4. 持有有效护照或能代替护照的其他国际旅行证件。

|3.3|

人事档案管理流程

所谓人事档案管理即将人事档案的收集、整理、保管、接收和转出进行严格管理。现在企业非常重视对员工的人事档案管理，这样有利于企业招聘更加合适的人才。

3.3.1 人事档案接收流程

档案管理亦称档案工作，是企业人力资源部或行政部相关人员负责的工作，对员工档案信息进行接收、保存、转移和销毁等。员工人事档案的接收流程如图 3–3 所示。

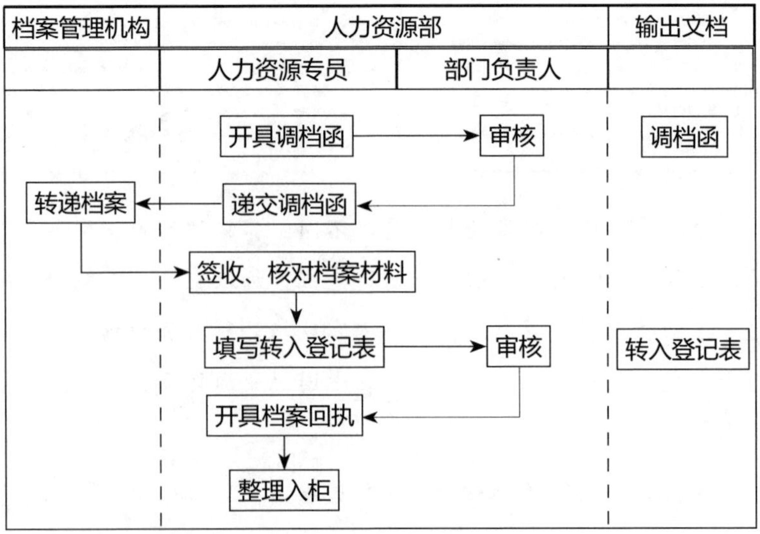

图 3–3 员工人事档案的接收流程

从上述流程可以看出，该企业的档案接收由人力资源部负责，主要涉及两个岗位：一是人力资源专员，二是人力部主管。专员负责具体工作，主管负责审核工作。首先需要开具调档函，从档案管理机构接受档案，再进行核对，开具回执。负责人在核对时，需要核对档案是否完整，具体操作如图 3-4 所示。

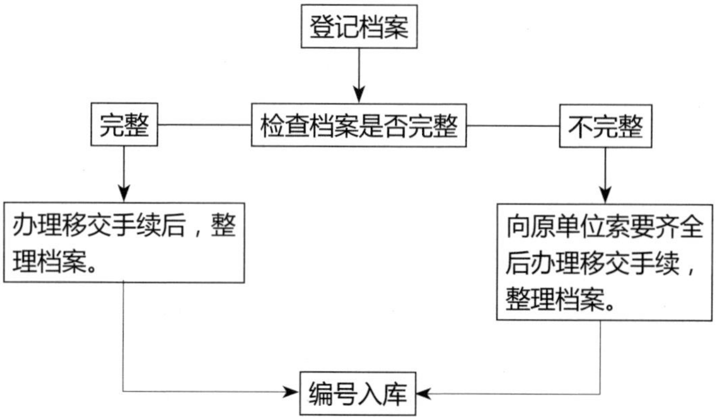

图 3-4　核对档案具体操作

另外，人力资源部专员将员工入职后审核的所有资料进行整理，交由主管审核，建立员工档案，将《新员工考核表》《转正申请表》等资料一并放入员工个人档案。

3.3.2　人事档案转出流程

无论是档案的转入还是转出，人事负责人都要接到调档函才能办理相关手续，并且要对资料进行核对，具体的员工人事档案转出流程如图 3-5 所示。

接到调档函后，人力资源专员核对材料是否齐全，缺少材料要补齐。

↓

填写《档案转移通知单》《人事档案转出登记表》，修改、查阅电子版目录和纸质目录，注明转出时间和单位。

↓

密封并加盖公章后转出。

图 3-5　员工人事档案转出流程

从上述流程可以看出，档案转出的管理工作要简单许多，不过人力资源部的相关负责人还要注意以下一些要点。

- 接收档案的单位必须具备人事档案管理权。
- 人事档案转出需结清所欠管理费，同时缴纳人事档案转递费。
- 员工需提供档案接收单位的详细地址。

3.3.3　人事档案借阅流程

公司的人事档案是机密文件，负责人事管理工作的员工有责任保管好人事档案，为公司提供准确的人力资源基础信息，所以公司人事档案的借阅需按相关程序严格执行，以免造成重大的损失。

人事档案的借阅可分为本公司内部人员借阅和外部人员借阅，具体流程如表 3-3 所示。

表 3-3　内外部人员借阅流程

借阅人员	借阅流程
内部人员	借阅人提出书面申请→人资部主管审核→主管签字批准→档案室查找有关档案→借阅人填写《借阅档案登记簿》→借阅人归还档案→档案室填写归还日期

续上表

借阅人员	借阅流程
外部人员	借阅人持介绍信或委托信到公司人资部申请借阅档案，填写《档案借阅申请单》→人资部主管审核→主管签字批准→档案室负责查找→借阅人填写《借阅档案登记簿》→借阅人归还档案→档案室填写归还日期

由于借阅的手续复杂，所以要求人力部专员和档案管理员具备责任心，很多企业会核定人事档案管理权限，如果超出借阅权限则予以拒绝，直观的流程图如图 3-6 所示。

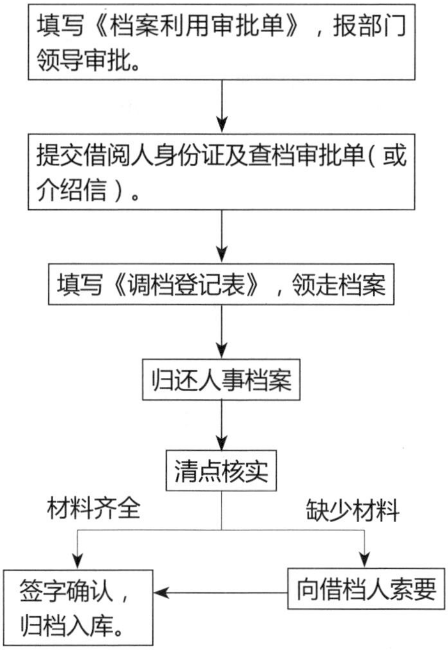

图 3-6 人事档案借阅流程

很多企业为了体现公司重视人才，确保档案管理工作严格、有序地进行，会制定相关制度或规定。

【实用模板】档案借阅管理规定

模板 \第3章\人事档案查借阅管理规定.docx

人事档案查借阅管理规定

因工作需要查借阅人事档案，员工可到人力资源部档案室进行查借阅。为方便员工借阅、人力资源部负责人管理人事档案，特制定本规定。

一、各部门查借阅

1. 各部门日常接触人事档案的人员应限制在一定的范围内，主要为行政办公室、人力资源部档案室主管人员。

2. 查借阅人员按要求填写好《××公司人事档案查借阅审批表》，向公司人力资源部提出查借阅申请。

3. 查借阅人员需持有效工作证件，到人力资源部档案室进行查借阅。

二、公司外部查借阅

其他公司想要查借阅本公司员工人事档案，需持介绍信及有效工作证件，按要求填写好《××公司人事档案查借阅审批表》，向本公司人事部门提出查借阅申请，方可查借阅。

1. 办理案件，需在本公司行政部办理审批手续。

2. 办理公证，需在本公司人力资源部办理审批手续。

三、个人查借阅

1. 个人因遗产继承、亲属关系公证等需查阅档案的，可凭能证明其身份的有效证件，如身份证、工作证，到人力资源部档案室，由档案工作人员查阅档案，出具证明，并复制相关材料。

2. 个人不得直接接触和查阅档案。

四、人力资源部档案室接待查借阅流程

1. 查借阅接待流程

（1）审核来人程序是否到位：是否有两名工作人员。

（2）查借阅高层领导档案，特别是查档对象查阅内容较多或涉及保密信息时，人力资源部档案室需经主管领导审批。

（3）个人办理亲属关系、出生证明，由档案室工作人员代为查阅档案，出具相关证明，并在《复制档案材料、开具证明情况登记表》上做好登记。

2. 查借阅登记流程

（1）查阅人员应在阅档室查阅档案。

（2）查借阅人员应严守保密规定，不得擅自公开档案内容，爱护档案，严禁涂改、增删、调换、污损等任何对档案有破坏性操作。对违反者视问题严重性进行严肃处理。

（3）查阅结束后，档案室工作人员应检查档案是否完整，请来人在《查借阅档案登记表》上做好登记，及时将档案入库。

（4）借阅档案，应在《查借阅档案登记表》做好登记。所借档案需在5个工作日之内归还，档案归还后，档案室工作人员应检查档案完整性，登记清楚档案归还时间，及时将档案归入库房。

3. 复印档案材料流程

（1）个人办理亲属关系、出生证明等，由档案室工作人员，复印有亲属关系记载的材料。

（2）除组织人事部门确因工作需要，不得拍摄复制有组织审批意见的材料，特别是证明材料、工资材料、学历材料、就业材料等。

（3）摘抄、拍摄、复制的档案材料，档案室须审核，并在《复制档案材料、开具证明情况登记表》办理登记手续。

上面展示的档案管理规定是某公司关于查借阅的相关规定，很多公司在制定相关规定时都会将查阅和借阅组合在一起，从部门、外部单位和个人3个方面进行权限规定，再阐述相关的流程。有的企业还会在制度后附上《借阅申请单》等资料，如下表所示。

填表日期：　年　月　日　　　　　　　　　　归还时间：　年　月　日

借阅人		所在部门		职务		工号	
借阅类别	□现场借阅　□复印　□带出借阅　□其他（请说明）						
借阅资料编号				借阅资料名称			
内容							
借阅用途							

借阅人签字		部门主管签字	
经办人签字		总经理	
备注：1. 技术资料，部门主管签字。 2. 关于特种设备方面的重要资料需部门经理签字。 3. 归还时间原则上不得超过 15 天，到期归还。			

|3.4|

入职环节的法律风险及注意事项

员工入职是企业管理中的一个环节，也是非常重要的一个环节，新员工入职直接给企业带来新生力量，但同时也会带来一些容易忽视的法律风险。所以在员工入职环节，企业人事管理者要注意到常见的法律风险，并做好防范。

3.4.1　入职环节的法律风险与防范

按照员工入职的流程，企业管理者会遇到的法律风险分别如表 3-4 所示。

表 3-4　入职环节的风险

风险	具体内容	风险防范
无故撤销录用通知	根据《合同法》的规定，企业向员工发送的录用通知要包括职位、报道日期、工资待遇等内容。可视为企业向劳动者发送的一份要约，而当劳动者接受该要约，即产生法律效力，如果随意撤销录用通知，可能会引发劳动纠纷	在发送录用通知前，再三检查，确保人员无误，通知信息也无误

续上表

风险	具体内容	风险防范
未审查员工信息	1. 员工个人信息虚假以致于出现纠纷时无法维权。 2. 员工无法满足特殊岗位的任职要求，如色盲、心脏病等，造成损失。 3. 履历信息有误，达不到入职要求，工作能力低下。 4. 劳动者具有双重劳动关系，给企业带来的连带责任	1. 要求员工填写全入职信息表，并提供学历证明等资料。 2. 安排专人对重要信息进行确认核对。 3. 安排入职前体检，并提供体检证明
未及时签订书面劳动合同	《劳动合同法》第八十二条规定，用人单位自用工之日起超过一个月不满一年未与劳动者订立书面劳动合同的，应当向劳动者每月支付二倍的工资	企业应从用工之日起，最迟须在一个月内订立劳动合同，并制定完善的劳动合同签订流程
未缴纳员工社保	1. 入职后未给员工缴纳社保，一旦出现疾病或工伤情况，企业需要承担一定的法律责任。 2. 员工离职时，如果企业未购买社保，可能会要求给予补偿或赔偿，引起纠纷	1. 人事管理者在员工入职后即办理社保手续。 2. 根据员工的职位高低，按要求购买不同层次的社保。 3. 考虑为危险性高的岗位，配备商业保险

3.4.2 入职环节的注意事项

企业管理者在员工入职期间，应了解以下几方面的注意事项。

◆ 入职手续的办理时间

企业招用劳动者（包括全日制员工、非全日制员工等）应自招用之日起，在一段时间内向当地劳动保障部门所属的职业介绍所办妥招工登记备案手续。地区不同，时间期限可能也不同，有的地区是30日内。

小栏目

用人单位与劳动者终止或解除劳动（工作）关系后，一般要在 7 日内向职业介绍所办妥退工登记备案手续，并在 15 日内为员工办理档案和社会保险关系转移手续。

◆　录用通知书的规范性

对于规模较大的企业，人力资源部在发送录用通知书的时候一般通过电子邮件的方式，并按照基本的格式统一书写录用通知。

【实用模板】录用通知书模板

模板\第3章\××有限公司员工录用通知书.docx

××有限公司员工录用通知书

____（先生/女士）：

感谢您应聘我公司_____岗位，经过面试甄选，我公司决定正式录用您，我们真诚地欢迎您加入，具体报到事项安排如下：

一、报到资料

1. 身份证原件及复印件（3份）。

2. 学历、学位证书原件及复印件（职称证书原件及复印件）。

3. 彩色同底一寸照片4张。

4. 本人身份证办理的工资卡复印件。

5. 与前一工作单位解除劳动关系的证明（毕业生不需提供）。

二、报到时间、地点和联系人

请您于___年___月___日前至公司行政人事部报到，联系电话：____________。

三、使用与转正

所有通过外部招聘加入企业的员工须进行试用期考察，试用期均为3个月。试用期间如果员工因自身原因或由于其他客观原因决定离开，须提前3日提出，并按规定办理相关手续。

请在接到本通知后准时到公司报到，逾期未报到视为自动放弃本次工作机会。

××有限公司行政人事部

___年___月___日

如模板所示，录用通知书的基本结构为“通知基本内容”→“个人资料罗列”→“提醒准时报到”，而通知的基本内容包括：确认录用、表示欢迎、报到时间，也可详细书写职位、薪资、工作地点以及合同期限等内容。

◆ 劳动合同的类型

根据《中华人民共和国劳动合同法实施条例》第十八条、第十九条规定，劳动合同有“固定期限劳动合同”“无固定期限劳动合同”和“单项劳动合同”3种。人力资源部要根据招聘员工的实际用工情况确定合同类型。各合同类型的具体内容如表3-5所示。

表3-5 劳动合同的类型

类型	含义
固定期限劳动合同	是指用人单位与劳动者约定合同终止时间的劳动合同。用人单位与劳动者协商一致，可以订立固定期限劳动合同
无固定期限劳动合同	是指用人单位与劳动者约定无确定终止时间的劳动合同。原劳动法规定的长期合同
单项劳动合同	即没有固定期限，以完成一定工作任务为期限的劳动合同，是指用人单位与劳动者约定以某项工作的完成为合同期限的劳动合同

◆ 劳动合同的必备条款

《劳动法》第十九条规定了劳动合同的法定形式是书面形式，其必备条款有7项，如表3-6所示。

表3-6 劳动合同的必备条款

必备条款	具体内容
劳动合同期限	法律规定合同期限分为3种：有固定期限，如1年期限、3年期限等均属这一种；无固定期限，只约定终止合同的条件；以完成一定的工作为期限
工作内容	双方可以约定工作数量、质量，劳动者的工作岗位等内容
劳动保护和劳动条件	在这方面可以约定工作时间和休息休假的规定，各项劳动安全与卫生的措施，对女职工的劳动保护措施与制度，以及用人单位为不同岗位劳动者提供的劳动、工作的必要条件等

续上表

必备条款	具体内容
劳动报酬	此必备条款可以约定劳动者的标准工资、加班加点工资、奖金、津贴、补贴的数额及支付时间、支付方式等
劳动纪律	此条款应当将用人单位制定的规章制度约定进来，可采取将内部规章制度印制成册，作为合同附件的形式加以简要约定
劳动合同终止的条件	这一必备条款一般是在无固定期限的劳动合同中约定，因这类合同没有终止的时限，其他期限种类的合同也可以约定。要注意的是，双方当事人不得将法律规定的可以解除合同的条件约定为终止合同的条件
违反劳动合同的责任	一般约定两种违约责任形式，第一种是一方违约赔偿给对方造成经济损失，即赔偿损失的方式；二是约定违约金的计算方法，采用违约金方式应当注意根据职工一方承受能力来约定具体金额，避免出现显失公平的情形

【实用模板】劳动合同模板

模板\第3章\××有限公司劳动合同.docx

××有限公司劳动合同

甲方（用人单位）：　　　　乙方（职工）：
名称：　　　　姓名：
法定代表人：　　　　身份证号码：
地址：　　　　现住址：
联系电话：　　　　联系电话：

根据《中华人民共和国劳动法》和国家及省的有关规定，甲乙双方按照平等自愿、协商一致的原则订立本合同。

一、合同期限

1. 劳动合同期限

双方同意按以下方式确定本合同期限：

（1）期限：从___年___月___日起至___年___月___日止（试用期___个月）。

（2）合同终止后双方可以在平等自愿条件下商议续签。

二、合同工作内容

1. 乙方的工作岗位（工作地点、工种或职务）为__________。

2. 乙方的工作任务或职责是____________________。

三、工作时间及节假日

1. 甲乙双方同意按以下方式确定乙方的工作时间：

按季节调整工作时间，每周六、周日为带薪休假日。

2. 其他节假日按照国家法定假日休假（如五一、十一等），过年期间可享受公司给予的___天带薪休假（如遇特殊情况可共同商议）。

四、工资待遇及社会福利

1. 乙方正常工作时间的工资按下列形式执行，不得低于当地最低工资标准。

（1）基本工资：____元/月，每月____日发放。

（2）绩效工资：_______________。

（3）甲方每月发给乙方交通补助___元，通讯费补助___元，与基本工资同时发放。

（4）甲方安排乙方正常工作时间外（工作时间为周一至周五，每日早9点至晚6点）加班的，应安排乙方同等时间补休或依法支付加班工资；加点的，甲方应支付加点工资。

2. 其他形式

（1）工资必须以法定货币支付，不得以实物及有价证券替代货币支付。

（2）甲方每月____日发放工资。如遇节假日或休息日，则提前到最近的工作日支付。

（3）如乙方经常在外办理公司业务，甲方应为乙方交纳意外保险。

五、劳动合同中的劳动纪律

1. 甲方根据国家和省的有关法律、法规通过民主程序制定的各项规章制度，应向乙方公示；乙方应自觉遵守国家和省规定的有关劳动纪律、法规和企业依法制定的各项规章制度，严格遵守安全操作规程，服从管理，按时完成工作任务。

2. 甲方有权对乙方履行制度的情况进行检查、督促、考核和奖惩。

3. 如乙方掌握甲方的商业机密，乙方有义务为甲方保守商业机密。

六、劳动合同范本的变更

劳动合同的版面与其他模板不同，首先要将双方的基本信息进行列示，如甲方（用人单位）的名称、地址、法定代表人，及乙方（劳动者）的姓名、身份证号、联系电话。然后按必备条款和协商条款书写劳动合同。

第4章

04

员工管理：掌握技巧，人不难管

管理员工不是一件容易的事，管理者要抓住员工的心，让员工服从公司的管理，为公司创造利润。除了通过长时间的管理实践，还应掌握基本的管理技巧，才能留住人才，得到员工的支持。

|4.1|
指导员工高效工作

作为企业的管理者，如何管理员工？如何帮助低效率的员工转变为高效员工？如何最大限度地发挥员工的能力？如何帮助员工树立信心？这些对管理者的管理能力都是一个考验，只有运用高效的管理方法，才会事半功倍。

4.1.1　如何管理 90 后员工

现在 90 后已经成为职场新人的主要群体。很多企业管理者面对 90 后总有一种偏见，认为 90 后自我主义，不服从纪律，一言不合就辞职。其实 90 后并非如此糟糕，相反很多 90 后思维创新，在就业市场上有很大的竞争优势。

虽然 90 后员工难管理的问题给很多管理者带来困扰，不过管理者首先要做的就是转变心态，同在企业内工作，大家都是平等的，管理人员也不要一副高人一等的态度。在这样的基础上，注重管理技巧，也能很轻松地管理好 90 后员工。

（1）激励 90 后要多招并用

90 后可能与 70、80 后不一样，其更看重个人生活和个人价值，对于自身的幸福感非常看重。可能对于 70、80 后来说，只要多给一点工资，就会心甘情愿的工作，可这对 90 后的吸引力好像没有那么大。

所以激励 90 后要多招并用，如表 4-1 所示是激励 90 后的一些方法。

表 4-1　激励 90 后的方式

激励方式	具体内容
工作氛围好	所有员工都想在愉快、轻松、互助的氛围中工作，管理者的其中一项职责就是营造公司内的友好氛围，让员工愿意在公司工作，才能保证员工的工作积极性
表扬很重要	虽然 90 后披着任性的外衣，不过他们仍然需要被认可，所以在他们表现不错的时候予以赞扬，能够大大激励他们。要注意尽量不要用责骂、贬低等方式与其交流，这样可能会得不偿失，让 90 后难以接受
物质奖励	对于 90 后员工来说，口头激励当然不够，实际的物质激励对谁都有效，管理者可通过积分制管理的方式，将精神激励与物质激励结合起来。按每个员工的积分兑换一定的福利，如休假、旅游、交通补贴等，还可将员工的积分进行排名，排名前 3 的可以获得“额外大礼包”，这样能让员工产生竞争意识
工作分配合理	员工的价值发挥出来他才会觉得自己的岗位适合自己，事实上，很多普通员工离职，都是主管工作分配不合理造成的。尤其是小组作业，管理者做到公平分配工作才不会让员工产生怨言
工作方式灵活	在工作时间和工作内容的安排上，管理者一定要遵循科学、灵活的原则，不要安排一成不变的工作给员工，让员工丧失积极性。可根据类似工作的特点安排员工轮岗工作，并鼓励员工参加培训，多方面发展
给予关心	平时业余时间，管理者可以和 90 后员工保持良好的关系，在工作和生活中关心员工，在员工遇到困难时给予帮助

（2）批评要慎重

90 后员工如果在工作中出错，企业管理者应如何处理呢？当然，批评可能也是在所难免的，不过批评也要注意方法，免得未使员工改正错误，还加深员工的不满。

员工犯错分两种，一种是小失误，一种是大问题。面对小失误的情况，企业管理者要明白，谁都会犯错，不论缘由就开始惩罚，会让员工大受打击。首先要做的就是了解事情的经过，分析原因，尽快弥补。之后再要求员工总结工作经验，不必严加指责。

如果员工在工作中的失误较大，造成了公司的损失，管理者当然要对员工进行处理，但要注意处理方式，具体可参考以下几条。

◆ 切忌人身攻击，就事论事。

◆ 不要对员工的隐私问题进行指责，如婚恋问题。

◆ 根据员工的失误，按企业制度给予处分或罚款，不能依照个人的喜恶处罚员工。

◆ 禁用侮辱性的言语，伤及员工自尊。

◆ 对员工进行处理不要在大庭广众之下，最好是办公室或会议室，与员工进行单独交流。

◆ 沟通时注意不要一味单向沟通，可以让员工进行反思或适当鼓励员工。

◆ 对员工进行处分后，还要与员工共同商讨补救或改正措施，减少公司损失，让员工在挫折中学习。

（3）满足需要

管理员工无非是为了让员工高效工作，为企业创造利润。对于90后员工来说，管理者只要了解了其具体需要，就可以让其安心为企业工作。其实员工的需要无非是薪酬需要、晋升需要和理解需要这3种，如表4–2所示。

表 4-2　员工的 3 种需要

需要类型	具体内容
薪酬需要	90 后生活在社会福利高度发展的时代，单一的薪酬已经不能留住他们了，所以薪酬多元化是企业管理的一个目标。如持股制度、利润分享、各种福利等
晋升需要	90 后是互联网一代，见多识广，对自己有很高的期待，所以很多 90 后极看重自己未来的发展。管理者一定要设计好员工内部晋升的通道，并向员工透露晋升的方式，甚至帮助员工做好职业生涯规划
理解需要	90 后不提倡个人崇拜，所以很多时候他们会选择企业文化开放的公司，而不是将领导人的主观意愿放在第一位的，他们个人更加认同创新、自主、便捷等发展理念

4.1.2　身为管理者，避免这八大误区

企业管理者要明白一个道理，管理工作实际上是对人的管理，要让员工积极主动地工作，并培养员工的工作能力，使其不断进步。不过这并不是一件容易的事。很多管理者会走入一个误区，在管理过程中常见的误区有哪些呢？

◆ 忽视制度的重要性

由于中国社会比较重视亲疏远近，很多没有经验的管理者会在管理过程中加入人情因素，导致管理的弊端。

①太过主观。对实际情况的判断不准确，所以决策不公平，严重时可能引起员工的投诉。

②以己为先。利用制度的灰色地带，认可有利于自己的条款，打破企业内的契约精神，长此以往让企业难以建立公信力。

③不理性。管理者在处理工作时不理性，最终影响工作效率。

◆ 疏于计划

对各项工作的计划能力是企业管理者不可或缺的能力，不会做计划、疏于计划的管理者不是一个合格的管理者。通常，管理者疏于计划很可能是因为工作目标不明确，管理者应按“明确目标→分解目标→制定计划→分配工作”的流程进行管理工作。

◆ 效率低下

很多人都会陷入的一个误区就是工作越努力成绩就会越好，其实并非如此，很多主管以为员工工作努力，觉得很满意，但是并未深究其工作绩效究竟如何。虽然工作态度很重要，但是企业最终的目的是盈利，管理者要时时注意员工的绩效，适当调整员工的工作方式，提供各种资源与帮助，实现员工的绩效增长。

◆ 忽视细节

很多时候，员工的工作效率低与企业管理工作不专业有很大的关系，管理者没有在细节处对工作进行规定，员工当然不知道该如何执行。比如规定工时、质量标准、材料规格等，正是由于对这些细节进行规定，才能更好地管理员工，发现员工的问题，并及时调整。

◆ 指导不足

员工在工作中出错再常见不过了，那么出错时管理者是如何操作的呢？有很多管理者会严厉地指责员工，却忽视了管理工作的核心是指导。经过指导，员工才有可能改正、进步，这也是管理的目的。管理者需要清楚以下三大要点。

①批评是必要的程序，而指导是实际的工作。

②管理者的角色是员工的导师，包括工作与生活。

③批评和帮助一体两面、相辅相成。

◆ 忽略员工

虽然管理工作复杂、繁琐，但许多管理者仍然能够将千头万绪的工作理清楚，可一旦涉及与人打交道了，就变得困难起来。其实管理者要有一个基本认知，即事重要，人也重要。很多管理者回避管理员工出现的问题是不可取的。

所以，除了了解管理的方法与策略外，还要对管理员工有一个正确的认知，如图 4-1 所示。

管理工作虽然是事，但管理对象却是人，管理者的主要工作之一就是培养和激励员工。
管理不能夸夸其谈、纸上谈兵，要在实际工作中指导员工、培养员工，以达到最终的效果。
员工出错或是方法不当时，管理者就能发挥作用了，改变员工的工作习惯、引导其使用正确的工作方法、培训其工作技能。
管理者要关注员工的工作状态，员工在工作中表现出低落、畏难的情绪时，管理者不要视而不见，要帮助其认识自己的价值，建立自信心和成就感。

图 4-1　对管理员工的正确认知

◆ 缺乏沟通

很多时候管理者由于工作特性，喜欢以个人为中心工作，缺少合作精神。尤其是部门与部门间的协作，往往需要管理者相互配合。如果沟通上存在障碍，将直接影响企业的整体绩效。

◆ 责任不明

管理者管理员工不仅要分配工作，还要明确每个员工的责任权限，如果没有分清，一旦出现问题，员工之间互相推诿，只会加重企业的损失，导致内耗。

4.1.3 A4 记录法，整理繁杂事务

为了整理好繁琐的管理工作，管理者不可避免的要使用一些工作技巧，以提高工作效率。而 A4 记录法是现在企业内很常用的一种记录方法，在 A4 大小的纸张范围内，通过设计各种表格、方框来理清工作内容、时间和目的等。

A4 记录法最大的特点就是灵活，可以针对不同的工作事务，设计不同模式的表单。一般来说，最简单的模式是分为 4 个区域，每个区域按照工作的特性进行分类，如表 4-3 所示。

表 4-3 A4 表单

第一区域	第二区域
繁琐性工作，每天的固定工作，虽然价值不大，但是耗费时间会很多，如计划工作、分配工作、处理邮件等	职能工作或技能工作，对于管理者来说一般是做职能工作，如指导员工、项目会议等
第三区域	**第四区域**
自我提升，可以罗列一些对自我能力有提升的工作，或是对工作流程进行优化，如缩减流程、更换工作 APP 等	总结工作，通过对每天工作的总结，不断改进自己，主要内容有今天进行了哪些工作？完成了哪些工作？哪些工作没有完成？进度如何？哪些工作要在近期内完成？明天首先做哪项工作

【实用模板】A4 表单模板

模板\第4章\“三分式”A4表单.docx

如上所示的模板是以“现状”“分析”“实际工作”三大版块对表单进行划分，实际上是依据完成工作的基本过程进行划分的，是对工作过程进行梳理的一种模板。

“上面”版块：主要内容为背景、主题、目标等。

“左下”版块：主要内容为现状、重点、计划等的分析。

“右下”版块：主要内容为解决文案、工作步骤、工作流程等。

这样以主题突出、简洁明了的方式对工作进行整理，例如某企业管理者要对近期的销售任务进行梳理，以便于开展工作，于是利用了以上模板。

首先在“上面”版块写下此次销售任务的目标是拿下 50 万元的订单。

然后对现状进行分析，主要内容包括以下几点：

1. 项目 PPT 未着手准备，有旧的案例，需要参考改进。

2. 小组人员共 6 人，一人出差，目前有 5 人可参与到此次销售任务。

3. 客户是首次合作，对其还不是很了解。

之后，便开始做计划，安排工作。

4.1.4 用假定思考法，提高工作效率

假定思考法是由日本咨询师赤羽雄二提出的工作方法，该方法能够对个人的思维能力产生较大的影响。这种理念告诉我们，虽然完全充足的准备非常重要，但是在行动中思考，不断改善工作才是最佳的做法。假定思考法的实施步骤有5步，如下所示。

- 步骤一，设定问题。
- 步骤二，明确优势和劣势。
- 步骤三，验证想法。
- 步骤四，调整方案。
- 步骤五，不断更正方案。

下面来看两个案例，从案例中了解如何具体的操作假定思考法。

【案例一】

某家电商场在春节来临之际准备搞促销，希望能在年底的时候完成利润大翻番，某家电企业想利用年底这一特殊时期在该商场销售本公司的家电产品，所以将所有销售人员分为不同的销售小组，全力发展线下销售，某销售小组的组长为了更好地完成该项任务，按照假定思考法的步骤开始实施工作。

第一步，提出设想。年底置办家电的一定很多，一般都是家人一同前来挑选，所以在促销活动和礼品上要围绕各年龄段考虑。

第二步，由于本企业的售后服务在行业内一直领先，得到很多老年人的信赖，所以可以主打售后营销。另外，再主推今年的新品。

第三步，开始试点营销，首先在某大型商场销售，不仅配合商场的促销活动，还要加大自身的促销，如“买就送货”“终身免修”“以旧换新”等。

第四步，根据近一周的销售数据、销售人员及顾客的反映，该小组组长意识到儿女在外的老年人更注重售后服务，年轻夫妻更注重性能和外观，小朋友更看重促销礼品。所以可以分年龄层展开促销。

第五步，根据后期的变化，清扫一些留下的产品，主要通过大幅度的折扣来完成，越到年末折扣越大。

【案例二】

某公司初次接触到一个大客户，对此公司上下都很重视，所以为了达成订单对客户的要求都尽量满足。但即便是这样还是迟迟没有签下订单。双方来往考察持续了一个月，眼看要达成合作了，结果由于商品原料上涨，价格无法维持在原有的基础上，现在公司上层领导将此事交给了销售经理来做。

销售经理首先与对方沟通，在价格方面无法谈妥的情况下，销售经理假设了其他的想法：提高订单数量，改变包装形式和运输形式，节约成本。

结果客户还是不接受，销售经理又提出了延迟交货的建议，不过为了赶上秋季的销售期，这一建议也被否决了。销售经理李某意识到，要打动客户只能从价格方面入手了。

根据客户往年销售的数据和原材料价格，他假设客户能接受的最低价是 20 元 / 个，然后按 2% 让利。最终客户接受了这个价格，同时公司也提出了自己的要求，就是在一周内将定金打到公司的账户。客户也欣然同意，最终达成合作。

在用假定思考法的时候，我们能清楚地了解问题是怎样一步一步解决的，利用分析问题来构建框架，不断地分析情况，更正已有方案。一边预设一边思考，最终解决问题。

4.1.5 SWOT 分析法，帮你拨开云雾

在SWOT分析法中，S(Strengths)是优势、W(Weaknesses)是劣势、O（Opportunities）是机会、T（Threats）是威胁。如图 4-2 所示的是 SWOT 分析模型。

优势	机会
劣势	挑战

图 4-2 SWOT 分析模型

从图中可以看到，所谓 SWOT 分析，即基于内外部竞争环境和竞争条件下的态势分析。就是将与研究对象密切相关的各种主要内部优势、劣势和外部的机会和威胁等，通过调查列举出来，并依照矩阵形式排列，然后用系统分析的思想，把各种因素相互匹配起来加以分析，从中得出一系列相应的结论，而结论通常带有一定的决策性。

运用这种方法，可以对研究对象所处的情景进行全面、系统、准确的研究，从而根据研究结果制定相应的发展战略、计划以及对策等。

SWOT分析法常常被用于制定集团发展战略和分析竞争对手情况，也可用于公司产品和人员的管理上，或是基于具体的工作任务制定准备资料。进行 SWOT 分析时，主要注意以下几个方面的内容。

- **优势：**主要指企业的内部因素，包括竞争态势、财政来源、企业形象、技术力量、规模经济、产品质量和市场份额等。
- **劣势：**也指企业的内部因素，包括设备老化、管理混乱、技术

落后、资金短缺、经营不善和产品积压等。

- **机会**：指企业外部因素，包括新产品、新市场、新需求、外国市场壁垒解除以及竞争对手失误等。
- **威胁**：指企业外部因素，包括新的竞争对手、替代产品增多、市场紧缩、行业政策变化、经济衰退以及客户偏好改变等。

我们在实际情况中该怎样来运用SWOT分析法呢？来看下面一个范例。

某公司刚成立不久，其主营业务是做人工智能产品，考虑到以后的发展，为了早点找准方向，所以安排总经理对公司的现状进行SWOT分析，以据此制定发展战略，安排各部门调整工作。

1. 优势分析

由于企业刚起步，内部组织结构简单，人员数量较少，所以方便管理。从现有的市场进行分析，客户对我们产品的颜色和质量很满意，这也为我们分析产品的受众群特点提供依据。

2. 劣势分析

人少好管理，但工作安排也很紧张，以致于每位员工的工作任务都很重，到后期人手已经不够用了。另一方面，抓不住更多的消费者，最大的原因是消费的偏好参差不齐，所以对研发部是一项艰巨的任务。

3. 机会分析

国家对新兴行业的扶持较大，这对企业发展无疑是个利好，并且现在市场并不饱和，许多同类产品并不多见，还有时间争取更多的消费者。

4. 威胁分析

根据企业的调查报告，市场上同类产品的专利申请过程比较艰难和复杂。而同类企业近年来新增较多，树立自己的品牌特色恐怕要费点心思。

依据上例的的现状分析，企业各部门可以制定相应的对策，然后实施工作，具体可从以下几方面着手。

①企业产品研发部根据消费者的总体消费特征，研发有差异性并且能满足更多消费者的产品。

②企业内部整合资源，根据差异性产品的销售情况分析消费者偏好，用报告单的形式整理出来。

③在对产品进行定位时，避免同质性。

总之，无论是管理者还是公司员工，运用这种方式进行工作任务的分析，可以快速理清思路，提高工作的效率。

4.2 科学领导，让每位员工都有用

在职场中，管理者的主要工作就是管理员工，让员工发挥自己的长处，为公司创造利润，并获得自己的报酬。一个不会带领团队的领导会直接拉低整个团队的创造力。要做一个好的管理者，就要善于利用各种管理方式带好员工，才能创造业绩。

4.2.1 逆转彼得原理，科学评估员工能力

彼得原理是管理心理学的一种心理学效应，它是指在一个等级制

度中，每个职工趋向于上升到他所不能胜任的地位。如下例所示。

罗某在一家IT公司从事技术开发工作，自进入公司以来，他一直勤勤勉勉的工作，又肯钻研，平时与同事交流也很顺畅，所以深受上司赏识和同事好评。由于罗某在各方面的表现不错，很快就被上司提拔，升任项目主管。

罗某非常珍惜这个机会，打算更加努力地投入工作，争取获得更好的利润来回报上司的提拔之恩。罗某是很有才华的人，升任项目主管后，他每天都想很多点子推进项目，也尽量帮助下属完成工作，甚至亲力亲为。不过，上任不久后，罗某便觉得工作太过吃力，甚至是困难重重，一来自己的工作任务明显加重，要在技术工作的基础上，负责项目小组的管理工作，结果两边都不能顾好。二来接手的项目很是棘手，工作进度跟不上，所以自己和团队员工都要加班到很晚，导致团队内的同事多有怨言。三来团队中很多资历较老的员工对罗某的能力有所质疑，所以管理起来十分困难。

其实罗某原来的岗位非常适合他，自己的技术能力出众，工作起来轻松，工作氛围也好，结果现在成了不称职的项目主管，让上司、同事、自己都不满意。

通过以上案例我们可以了解，在一个企业内，一旦出现某部分人员被推到了其不称职的级别，就会造成人浮于事，效率低下，发展停滞。

因此，管理者要改变单纯晋升意识，不能以个人的贡献度作为晋升的依据，因为员工在某一岗位工作能力出众，并不意味着他能胜任更高级别的工作。所以建立科学、合理的晋升机制，通过对员工的能力和水平的客观分析来安排岗位，是企业管理者需要考虑的问题，尤其不能随意的将晋升当作奖励的方法。

除此之外，企业管理者还需在公司内部做一些关于晋升意识的培训，帮助员工认识到自己的所长。虽然每个人都想要升职，但是要认准自己的方向，否则就算升职，如果是到自己不擅长的领域，也不能很好地发挥自己的价值，反而给团队带来麻烦。

4.2.2 完善的激励机制，推动员工向前

激励机制是指通过特定的方法与管理体系，将员工对组织及工作的承诺最大化的过程。它包括精神激励、薪酬激励、荣誉激励和工作激励等类型。无论何种激励类型，企业在激励员工时都要遵守5项原则，如表4–4所示。

表4–4 激励员工的5项原则

原则	具体内容
人岗匹配	给员工分配的工作要适合他们的工作能力和工作量，首先要对员工和岗位进行分析。可通过3种方法来进行人岗匹配： 1. 管理人员多与员工交流，多方面了解他的兴趣、工作能力、工作潜能。 2. 公司除定期评价员工工作表现外，还应进行工作说明。 3. 用电子数据库存储岗位要求和员工能力的信息，及时更新
论功行赏	员工对公司的贡献可体现他的个人表现，也可从侧面反映其工作态度、工作经验、教育水平等。因此，要在工作表现的基础上体现工资差异，是建立激励机制的重要内容。此外，管理者还可为员工提供不同的膳食补助金、住房、公司股票等福利
内部提拔	为员工提供广泛的培训计划，包括技能培训、管理培训等，由专门的部门负责规划和组织。帮助员工了解组织结构、升迁途径，从内部提拔管理人员
改善环境	对工作环境进行人性化的改造，也能让员工对工作更有积极性，如在公司内开设食堂，保持工作地点整洁干净等
相互尊重	管理者在指导工作的过程中，要一视同仁地对待员工，在相互尊重的氛围中坦诚合作，对下属给予公正的评价

一般来说，员工激励机制或多或少会存在一些问题，企业管理者应该就这些问题不断完善，那么常见的问题有哪些呢？

激励结构与方式单一。很多企业要么只强调物质激励而忽视精神鼓励，要么只强调福利而忽视工作环境的好坏，这样是很难调动员工的积极性和工作热情。

忽视员工的层级差异。企业内的员工越多，层级划分越明确，员工的需求也各不一样，很多管理者都忽视了这一点，只制定统一的标准去激励员工，却不知道员工真正想要什么。有的员工想要更多的报酬，有的员工想要出国深造，管理者“一刀切”的操作毫无激励效果，还会引起员工的反感。

缺乏沟通。企业管理者在设计激励机制的时候缺乏与员工的沟通，所以导致激励机制从根源出现问题，得不到员工的认可，本质上是缺乏一个良好的沟通渠道。

缺乏公平。公平并不意味着平均，管理者应该通过明确的岗位界定和绩效评价体系，让每位员工得到其应有的回报。

那么该如何完善企业的激励机制呢？可从表 4-5 所示的几个方面入手。

表 4-5 完善员工激励机制的措施

措施	具体内容
结合各种激励措施	激励措施有很多种，如目标激励、荣誉激励、物质激励、文化激励、精神激励等，管理者可将这些激励措施两两组合或随意组合，形成适合企业的激励机制。 如物质和精神激励相结合，建立科学合理的薪酬制度，并对员工进行精神激励，包括向员工授权、认可他们的工作等

续上表

措施	具体内容
差别激励	管理者要注重个体差异，可通过问卷的形式对不同层级员工的需求进行了解，从报酬福利、个人发展和工作环境等因素上合理设计激励机制
立足实际	只有实际的需求才是最好的需求，满足员工最迫切的需求，激励的价值才大，效果才好，激励成效才大。这也需要企业领导者对员工有详细了解，有针对性的采取激励措施
塑造企业文化	企业管理者应该打造积极、互助、和谐的工作氛围，并在设计激励机制时将企业文化渗透进各个环节，使员工认可企业文化，将自己的目标与企业的目标结合，积极工作
绩效薪酬管理体系	一个完整的激励机制一定要包含科学的绩效薪酬管理体系，确定员工的工作目标，并鼓励员工达成。在设计时，可选出员工代表参与，增加员工的信任度

员工激励是企业人力资源管理的重要内容，企业管理者要综合运用多种激励机制，改变传统的思维方式，设计出适应本企业的开放的激励体系，不断激发员工的潜力，提高工作效率，保持企业持续健康发展。

4.2.3 打破华盛顿合作规律才能高效工作

华盛顿合作规律说的是一种组织内耗现象，一个人敷衍了事，两个人互相推委，三个人则永无事成之日。与中国的“三个和尚”的故事类似，一个和尚挑水喝，两个和尚抬水喝，三个和尚没水喝。

著名童话作家克雷洛夫曾经写过一个寓言故事，天鹅、梭子鱼和虾一起拉车，它们3个使出浑身力气，干得十分卖力，但是无论多么努力，车还是原地不动。其实就力气而言，它们3个拉动这辆车是绰绰有余的，可是为什么车总是拉不动呢？原来，天鹅拉着车拼命往天上飞，虾拉着车一步步向后倒拖，梭子鱼则朝着池塘把车向前推。他们谁也不想改变方向，车子自然就拉不动了。

这个寓言故事向我们说明了在企业中非常容易出现的组织内耗现象，这种员工之间的内耗不仅浪费资源，而且降低了工作效率，影响企业的经济效益。

组织内耗现象与组织群体的规模密切相关，规模越大的企业，内耗就越严重。那么大规模的企业如何减少企业内耗呢？必须依靠管理者对员工进行科学的管理。具体可通过下面一些方式来实行。

（1）明确员工分工

所谓人员分工，是指人与事的配合，即指派哪个或哪些人去完成哪项或哪些工作。

关于“三个和尚”的故事，为了避免没水喝的情况，方丈至少有两种分工方案：

一是要求 3 个和尚“接力”工作，分段挑水。首先让第一个和尚从河边挑到路程的 1/3 处停下来休息，交由第二个和尚挑至路程的 2/3 处，再交给第三个和尚挑到寺庙水缸中。这样，既完成了任务，又各司其职。

二是对三个和尚实行轮班制，可以每天安排两个和尚挑水，每人挑一段路，另外一个和尚休息，这样每个和尚都可以挑两天后休息一天。或者每天安排一个和尚挑水，另外两个和尚休息，这样每个和尚都可以干一天休息两天。

上述故事相信对每个管理者都有启发，在需要团队完成某项工作任务时，最忌一团乱麻地工作。管理者首先要进行详细的职务设计，然后明确成员分工，落实成员责任。

不仅如此，之后还要根据每个员工的工作态度和工作效果进行单独考核，得出考核结果，进行奖惩。让每个员工都明白，推脱工作是行不通的。

【实用模板】员工工作分工模板

模板\第4章\××公司团队活动分工表.docx

××公司团队活动分工表

<table>
<tr><th>项目</th><th>内容</th><th>负责人</th><th>工作时间</th><th>备注</th></tr>
<tr><td colspan="5">前期筹备（组长：王×）</td></tr>
<tr><td>活动统筹</td><td>整个活动的组织、统筹</td><td>刘×</td><td></td><td></td></tr>
<tr><td>物料制作</td><td>1.背景，用衍架制作。
2.场景布置。
3.票券：全家福券、情侣杯券、陶艺券、软陶手工券。</td><td>江×</td><td>10月5日</td><td></td></tr>
<tr><td>活动公司的沟通</td><td>负责合作公司现场布置时的接洽及跟进工作。</td><td>陈×</td><td>10月5日</td><td></td></tr>
<tr><td>现场布置</td><td>8个帐篷，5张长条桌。</td><td>江×</td><td>10月5日</td><td></td></tr>
<tr><td colspan="5">活动执行</td></tr>
<tr><td>现场电源的跟进</td><td>负责所需电源的跟进。</td><td>梁×</td><td rowspan="3">10月6日</td><td></td></tr>
<tr><td>就餐</td><td>兼职人员和合作公司人员（合作公司人员自付费用）统一打包在休息室用餐。</td><td>张×</td><td></td></tr>
<tr><td>撤场</td><td>合作公司的样品及道具。</td><td>合作公司</td><td></td></tr>
</table>

以上模板是某公司组织现场活动的员工分工表，管理者设置了5大内容：项目、内容、负责人、工作时间、备注。清晰地划分了每个员工应做的工作和具体时间，这样一旦哪个环节出了错，就可以及时找到相应的负责人。在设计时还应注意以下4个方面。

1. 明确工作内容、目标、时间。

2. 熟悉团队员工的专长、不足与个性，知人善任。

3. 实现人与事的最佳匹配。

4. 明确责任人所要完成的任务与条件。

（2）采用激励机制

科学的激励机制能够有效预防华盛顿合作定律，当然，在实行时要注意这 6 点：一是按需激励；二是赏罚适度；三是赏罚公平；四是激励公开；五是物质激励和精神激励相结合；六是内在激励与外在激励相结合。

（3）实行目标管理

员工找不到工作目标，或是目标不明确就容易产生惰性，在这种情况下，实行目标管理是必不可少的。所谓目标管理，是由企业最高层领导制定一定时期内整个企业期望达到的总目标，然后由各部门和全体职工根据总目标的要求，制定各自的分目标，并积极主动地设法实现这些目标的管理方法。

实行目标管理，管理者首先应当做好以下工作。

- ◆ 目标设计应该民主，由上下级共同制定出切实可行、易于考核且能够达成的工作目标。
- ◆ 在讨论协商的基础上，将总目标分解为各部门和各层级的具体目标。
- ◆ 上级要授权下级相应的权力，以便员工完成目标。
- ◆ 管理者要及时检查每位员工完成目标的进展情况，并及时反馈检查结果。
- ◆ 对目标完成情况进行评价，考核人员绩效，并以此作为员工奖惩和职务升降的依据。

（4）注重团队素质结构

管理者要知道环境对人的影响是巨大的，企业环境亦是如此。如果企业内部人浮于事、懒惰成风，那么员工个人素质再好也会被影响。所以，管理者既要重视成员个人的素质水平，又要注重团队的素质结构。

一般而言，良好的团队素质结构包括智能结构、专业结构、知识结构、年龄结构、个性结构和性别结构6个方面，如表4-6所示。

表4-6　团队素质结构

结构	具体含义
智能结构	是对团队中员工的职能要求，最好既有创造力强的员工，又有组织能力突出的员工，还有认真做事的实干家，从而发挥最优的职能效应
专业结构	团队中合理搭配具有不同专业特长的人才，取长补短
知识结构	现代组织结构的团体中对个体的不同知识素养尤为看中，形成各有侧重的知识组合。企业内每个员工的学历层次和知识水平各有高低，所以对团队的要求就是具备广博而精深的知识
年龄结构	管理者根据实际需要，确定合适的平均年龄界限，实现老、中、青的合理搭配，既要防止过度老龄化，又要避免过于年轻化
个性结构	一个现代的企业团队应当保持员工性格的多样性和互补性，这样有利于员工之间心理协调、配合默契，提高整个团队的凝聚力和影响力
性别结构	管理者还要考虑性别的因素，根据工作的需要，考虑按比例进行男女搭配

（5）重视组织沟通

有两个嫌疑犯作案后被警察抓住，分别关在不同的屋子里接受审讯。警察知道两人有罪，但缺乏足够的证据。警察告诉每个人：如果两人都抵赖，各判刑一年；如果两人都坦白，各判八年；如果两人中一个坦白而另一个抵赖，坦白的放出去，抵赖的判十年。于是，每个囚徒都面临两种选择：坦白或抵赖。然而，不管同伙选择什么，每个囚徒的最优选择是坦白。因为如果同伙抵赖、自己坦白可放出去，而抵赖会判一年，选择坦白比较好；如果同伙坦白、自己坦白的话判八年，比起抵赖的判十年，坦白还是比抵赖的好。结果，两个嫌疑犯都选择坦白，各判刑八年。

上面这个故事叫“囚徒困境”，这个故事反映了一个问题，即人的个人理性有时能导致集体的非理性，从而对组织的利益产生损害。假设上述案例中的两人有沟通的机会，那么他们一定会选择对彼此都有利的方式——两人都抵赖，实现组织的最大利益，所以组织沟通至关重要。

管理者要明白团队工作是一定会产生冲突的，管理者如果忽视员工间的矛盾，不及时解决，只会导致员工间的不满情绪与日俱增，消磨工作热情。所以简洁而有效的沟通机制是很重要的，这是减少组织内耗和员工惰化的重要手段。

4.2.4　对新人的蘑菇管理

“蘑菇管理”通常指管理者对企业内新进人员的管理心态。“蘑菇管理”一词来源于 20 世纪 70 年代一批年轻的电脑程序员，他们的工作不被理解，觉得自己“像蘑菇一样的生活”。

在职场中，很多新进员工都是如此，缺少管理者的重视与关心，上级的工作指导也很少，这在大企业中尤为常见。其实，这种管理方式和心态更符合职场的实际，管理者如何将蘑菇定律落于实处呢？要从两方面着手。

①避免过早负重。新进员工无论是经验还是能力都不足，就算学

了些理论知识，也是有所不及的，如果这时候管理者对其委以重任，等于拔苗助长。

②养分必须足够。虽然不能委以重任，但管理者要记住，培训、轮岗等工作丰富化的手段是帮助人力资源转为人力资本的工具。

如下案例所示，就是每位新进员工要经历的蘑菇管理，管理者能在适当的时候给予帮助和机会，每位员工都有可能获得成功。

卡莉·费奥丽娜从斯坦福大学法学院毕业后，就进入一家地产经纪公司做接线员，公司管理者给安排的任务就是接电话、打字、复印、整理文件，每天都如此。管理者心里清楚她是斯坦福毕业生，却仍不能即刻委以重任，而她却一直坚持下来，并得到父母和朋友的支持。经过一段时间的工作，这位员工的工作能力得到了管理者的认可。刚好企业内有一个撰写文稿的机会，于是几个经纪人想到了她，询问她是否愿意撰写文稿。最后发现果然她很适合这份工作，这位卡莉·费奥丽娜就是惠普公司前CEO。

总之，蘑菇管理是一种特殊状态下的临时管理方式，管理者要把握时机和程度，给予被管理者一定的空间，还要根据自己的观察，对那些有过人才能的人才进行提拔。

第5章

05

离职风险管理：怎样将损失减到最小

员工离职会在一定程度上给企业带来损失，所以企业管理者要尽量减少员工离职，不仅要对离职的风险进行预防，还要采取一定的补救措施，如离职面谈、填补职位空缺等，这成为企业管理者必须要考虑的问题。

|5.1|
好聚好散，才能保证公司利益

离职是职场中一件再平常不过的事情了，不过离职问题处理不好，也会给公司带来负面影响。所以要好聚好散，既不损失公司利益，又让员工安心的离开。

5.1.1 如何预防员工扎堆离职

员工离职在任何企业都是不可避免的，但是只要企业的员工流失率维持在正常的范围内，对公司的经营是没有什么影响的。不过如果出现员工扎堆离职的情况，那么公司管理者就要引起重视了。一般来说，员工扎堆离职常常出现在以下两种时期。

- **管理层调整时期**：管理层的改变会直接影响其下属部门，如总经理离职或调职容易导致中层员工的离职；部门主管的岗位变化，会导致部门员工的更替。
- **市场职位动荡期**：职位动荡期就是某一特定时期，很多企业会出现职位空悬的状态，所以员工的选择面会变得很广，如每年年初的时候会有大量的职位更换，或是同行业中新公司组建进入招聘期。

员工扎堆辞职对于企业管理者来说是件非常头疼的事，不过要想预防这件事的发生，首先要知道出现这种情况的原因。主要有如图 5-1 所示的几种原因。

行业特有的规律，对于制造业、互联网企业、餐饮业的旺季和淡季交替时，员工可能容易离职。

直接主管的管理，如果直接主管的管理方式改变，让员工不适应这种风格，员工可能会选择离职。

对公司了解不够，一般企业招聘期也是员工流动期，一些试用员工对公司不了解，进入公司工作后才发现公司的理念、执行与自己的想法不一致。

图 5-1　员工离职原因

为了预防这种扎堆离职的情况出现，企业管理者可通过以下 3 种方式留住员工，尽量从点滴做起。

◆ 员工结构安排合理

管理者要注意员工的分配管理工作，在部门、项目小组等组织结构内尤其要注意。员工搭配的因素有正常的岗位要求、工作经验、个人素质、性格、性别因素等，尤其要注意女性员工的婚育情况。如下例所示。

某餐饮企业最近进入了餐饮旺季，每天餐厅内都爆满，导致员工的工作量急剧上升，屋漏偏逢连夜雨，有 3 个女员工请了产假，导致人手不够用，而让其他员工苦不堪言。有一些员工受不了巨大的工作量，向店长提出辞职，这样形成了恶性循环。店长实在没有办法，只能从别的门店调来工作人员，渡过这一关。

上述例子反映了一个问题，就是一个团队里男女员工的比例一定要协调，如果大多数是女员工，很可能出现上述情况，给公司带来严重的损失。

还有员工之间的经验、能力都差不多，如果出现其中一位员工升职的情况，很有可能导致其他员工不满，认为公司的制度有问题而选择离职。管理者在工作观察中发现组织结构存在问题时，就要主动调整，避免以后措手不及。

◆ 时刻了解员工动向

管理者虽然工作任务重，但也不能只顾工作进度、产品质量、服务质量，而忽视员工的想法和动向，当员工突然离职时，管理者就毫无对策。如果员工出现不满的情绪，作为管理者，尤其是直接主管应该很容易发现的。

当发现员工最近工作状态低迷时，管理者就要主动与员工进行沟通，开导员工，尽量满足员工的需求。如果觉得该员工很难改变和上进，企业就要早做准备，开始储备"后备军"。

◆ 批评员工讲究方法

前面的章节我们也提到过，现在的年轻员工比较注重个人空间，也很有个性，如果上司批评得过于严厉或方式不对，年轻员工可能不愿意忍受，立刻就离职了。导致接下来的工作无人接手，影响公司的整体安排。

作为合格的管理人员要知道，员工犯错是一件不可避免的事，批评员工要讲方式、有尺度。

除了以上 3 点，管理者还应该注意自己的修养和领导力，以及人格魅力，这样也能吸引员工留在企业内工作。

5.1.2 经济性裁员的操作方法

经济性裁员是指用人单位由于经营不善等经济原因，一次性辞退部分劳动者的情形。

《劳动法》第二十七条规定：用人单位濒临破产进行法定整顿期间或者生产经营状况发生严重困难，确需裁减人员的，应当提前 30 日向工会或者全体职工说明情况，听取工会或者职工的意见，向劳动行政部门报告后，可以裁减人员。

经济性裁员的范围主要包括如图 5-2 所示的几个方面。

用人单位是属于濒临破产进行法定整顿期间，需要裁减人员的。依照《中华人民共和国企业破产法（试行）》，企业因经营管理不善造成严重亏损，不能清偿到期债务的，可以依法宣告破产。对濒临破产的企业，允许一定阶段（不超过两年）的整顿期。这些企业可以裁减人员，与员工解除劳动关系。

用人单位因生产经营状况发生严重困难，确需裁减人员的。

企业转产、重大技术革新或者经营方式调整，经变更劳动合同后，仍需裁减人员的。

其他因劳动合同订立时所依据的客观经济情况发生重大变化，致使劳动合同无法履行的。

图 5-2　经济性裁员的范围

企业要进行经济性裁员首先要满足上图所示的条件，此外，经济性裁员还需要严格按照一定的程序进行，如下所示。

第一步要说明情况。裁减人员是因企业经营出现了问题，而造成员工生活等方面受到影响，为此，企业应提前 30 日向相关机构（工会）或全体员工说明情况，并提供关于生产经营状况的资料，在作出决定前听取工会或员工的意见。

第二步提出裁减方案。实施人员裁减前，首先要提出裁减方案，具体内容包括：被裁减人员名单、实施时间和实施步骤，符合法律、法规规定和集体合同约定的被裁减人员的经济补偿办法。

第三步要征求意见。方案在提出时并不是最终方案，需要综合工会或全体职工的意见，对方案进行修改和完善。

第四步做好报告。制定好最终方案后，企业需向当地劳动保障行政部门递交裁减方案以及工会或全体员工的意见，并听取劳动保障行政部门的意见。

第五步为实施方案。最后由企业正式公布裁减人员方案，与被裁减人员办理解除劳动合同手续，按照相关规定向被裁减人员本人支付经济补偿金，并出具裁减人员证明书。

企业进行经济性裁员是个严肃、重大的决定，而实施相关工作的管理者，要注意以下一些事项。

第一，首先要考虑被裁人员的范围。依照《劳动法》，有 4 类对象是不得裁员的，管理者切忌将下面 4 类对象列入裁员名单。

- 患职业病或者因工负伤并被确认丧失或部分丧失劳动能力的。
- 患病或者负伤，在规定的医疗期内的。
- 女职工在孕期、产期、哺乳期内的。
- 法律、法规规定的其他情况。

第二，注意通知裁员的时间，企业至少应提前 30 日通知被裁员工，否则需要多支付一个月的工资以补偿员工。

第三，经济性裁员需要向员工支付经济补偿金，补偿金的计算标准应按被裁员工之前 12 个月的平均工资性收入计算。如果前 12 个月的平均工资性收入低于该地区最低工资，应按最低工资标准计算。而补偿的期限则根据员工的工作年限决定。

5.1.3　如何辞退员工

由于某些原因企业需要与员工解除劳动关系，一般来说可分为违纪辞退和正常辞退。虽然辞退员工是企业与员工双方面的行为，但需要遵循《劳动法》的基本规定。如什么条件下可以辞退？什么条件下不得辞退？该如何进行经济补偿？

首先，《劳动合同法》第三十六条规定：用人单位与劳动者协商一致，可以解除劳动合同。第三十九条规定：劳动者有下列情形之一的，用人单位可以解除劳动合同。

①在试用期间被证明不符合录用条件的。

②严重违反用人单位的规章制度的。

③严重失职，营私舞弊，给用人单位造成重大损害的。

④劳动者同时与其他用人单位建立劳动关系，对完成本单位的工作任务造成严重影响，或者经用人单位提出，拒不改正的。

⑤因本法第二十六条第一款第一项规定的情形致使劳动合同无效的。

⑥被依法追究刑事责任的。

而据《劳动合同法》第四十二条规定：劳动者有下列情形之一的，用人单位不得依照本法第四十条、第四十一条的规定解除劳动合同。

- 从事接触职业病危害作业的劳动者未进行离岗前职业健康检查，或者疑似职业病病人在诊断或者医学观察期间的。
- 在本单位患职业病或者因工负伤并被确认丧失或者部分丧失劳动能力的。
- 患病或者非因工负伤，在规定的医疗期内的。

◆ 女职工在孕期、产期、哺乳期的。

◆ 在本单位连续工作满十五年，且距法定退休年龄不足五年的。

◆ 法律、行政法规规定的其他情形。

虽然解除劳动关系并不是一件愉快的事，但是企业管理者要依据公司的规章制度做好辞退工作。

【实用模板】企业辞退员工流程规定模板

模板\第5章\辞退员工工作流程.docx

辞退员工工作流程

为规范企业辞退员工工作程序，完善公司人事管理制度，促进员工合理流动，增强企业活力，特制定本流程。辞退是指因某种原因，公司单方面提出解除与员工所签劳动合同的行为。

一、符合以下情况之一的人员，公司将予以辞退，需提前一个月通知员工辞退信息。

1. 考核辞退：员工绩效考核成绩为“不合格”，经培训（含辅导）或调整工作岗位，仍不能胜任工作。

2. 劳动合同订立时所依据的客观情况发生重大变化，致使原劳动合同无法履行的，经当事人双方协商不能就变更劳动合同达成协议的。

二、符合以下情况之一的人员，公司可随时解除劳动关系：

1. 在试用期内被证明不符合录用条件的。

2. 严重违反劳动纪律或者公司规章制度的。

3. 严重失职、渎职、营私舞弊，对公司利益造成重大损失的。

4. 被依法追究刑事责任或被依法劳动教养的。

三、符合以下情况之一的人员，公司提前30日向全体职工说明情况，听取职工的意见，经向劳动行政部门报告后，可以裁减人员：

1. 用人单位濒临破产进行法定整顿期间。

2. 生产经营状况发生严重困难。

四、辞退工作流程

1. 提交辞退建议

对于需要进行辞退的员工，公司应按照《劳动法》的相关要求提交辞退建议和相关材料。

2. 调查核实

接到公司的辞退建议后，人力资源部应在3个工作日内进行调查，核实员工是否满足辞退条件，将审核意见及时反馈给总经理。对符合辞退标准的，向辞退人员出具《解除劳动关系协议书》。

备注：遇有重大或事实不易认定的事件，可根据具体情况适当延长调查时间。

3. 部门辞退面谈

对于符合辞退标准的，根据辞退原因，结合员工实际业绩表现，部门员工的直接上级与员工进行辞退面谈，面谈后，用人部门与员工签订《解除劳动关系协议书》。

4. 办理离职手续

员工同意签订《解除劳动关系协议书》，自签订之日起一个工作日内到人力资源部，交接该员工的更衣室门锁及钥匙、胸卡等，并于3个工作日内办理完交接手续，按照公司与员工签订的《劳动合同》及国家相关劳动法规执行。

五、员工申诉及处理

在处理过程中，员工认为对自己的处理不当，并有充分理由的，有权向人力资源部申诉，人力资源部核实后，予以

上述模板展示了某公司辞退员工的一些基本规定，主要对辞退的条件和流程进行了说明。对于大多数企业来说，可以按照以下流程编制辞退员工的流程规定。

1. 由解除决定人（单位主管、劳动者）递交解除申请书。

2. 人事部门填写《解除劳动合同审批表》并报主管审批。

3. 通知所在部门及职工办理工作交接并交回工具设备等。

4. 有关部门与职工办理结算工资福利和其他未了事宜等。

5. 职工在结算工资和发放经济补偿的财务手续签字领取。

6. 给职工办理党、团、工会组织关系和档案等转移手续。

7. 给职工办理社会保险转移单和公积金转移手续等事项。

8. 给职工开具《解除劳动合同证明》。

而在辞退员工的时候，部门主管或相关负责人需要填写一些表格以完成相关步骤。如下所示。

【实用模板】辞退申请单

模板\第5章\员工辞退申请表.docx

员工辞退申请表

<table>
<tr><td>员工姓名</td><td></td><td>担任职务</td><td></td><td>计划辞退时间</td><td></td></tr>
<tr><td>辞退理由</td><td colspan="5"></td></tr>
<tr><td rowspan="3">审批</td><td colspan="3">部门经理意见</td><td colspan="2">总经理意见</td></tr>
<tr><td colspan="3"></td><td colspan="2"></td></tr>
<tr><td colspan="3">部门经理：
日期：</td><td colspan="2">总经理：
日期：</td></tr>
<tr><td rowspan="4">工作交接</td><td colspan="5">交接内容</td></tr>
<tr><td colspan="5">1.</td></tr>
<tr><td colspan="5">2.</td></tr>
<tr><td colspan="5">3.</td></tr>
</table>

《员工辞退申请表》一般由被辞退员工的直属上级或部门主管填写，交给总经理或人力总监审核。审批通过后才可以按步骤办理辞退手续。

另外，管理者在辞退员工的时候要注意辞退的方式方法，不要采用过于激进的方式，从而加深员工与企业之间的矛盾，主要注意如图5-3所示的几点内容。

1. 注意通知时间和地点，一般提前一个月在上班时间通知员工，不要占用员工的私人时间。不要在电话里通知，最好在办公室或会议室内通知。

2. 与员工面谈时要注意将辞退员工的原因说清楚，不要对员工进行过分的指责，还要给予相应的鼓励。

3. 注意面谈时间不要超过半小时，简洁明了地交代辞退时间、理由、相关手续以及经济补偿等。

4. 如员工不能接受，可先安抚员工，并与人力资源总监沟通将事情处理好。

图5-3　辞退员工时的注意事项

5.1.4　离职的常见风险

由企业主动辞退员工，企业能掌握主动性，这样管理者可以控制离职的风险，而由员工主动离职的情况则会给企业带来很多不能预知的风险，为管理者的管理工作带来考验，常见的离职风险有以下几点。

（1）商业机密的泄露

商业机密泄露和关键技术的流失风险主要集中在高级技术人才的离职上。这类人才是企业的核心力量，管理者一定要预防这类人才的离职以及设置离职预防机制。

如何应对这类风险呢？管理者可从两点出发，一是企业内应有自己的研发团队，研发团队下还可细分为多个小组，以免一人或几人掌握了企业商业机密；二是与关键技术人才签订《竞业禁止协议》。这样就能将风险降低到最小。

【实用模板】竞业禁止协议模板

模板\第5章\××有限公司竞业限制协议.docx

××有限公司竞业限制协议

甲方（用人单位）：

乙方（劳动者）：

乙方已同甲方签订劳动合同，且为甲方员工，因工作需要，接触到甲方的商业机密，为保护甲方的商业机密及其合法权益，确保乙方在职期间和离职后不与甲方竞业，甲、乙双方根据《中华人民共和国劳动合同法》等法律法规，在遵循平等自愿、协商一致、诚实信用的原则下，就乙方对甲方承担的竞业限制义务及甲方因乙方承担竞业限制义务而对乙方的补偿等相关事项达成如下协议：

一、未经甲方同意，乙方在任职期间不得从事以下行为：

1. 自己开业生产或经营与甲方生产或经营产品同类的产品。
2. 自营与甲方同类的业务。
3. 为他人经营与甲方生产或经营的产品同类的产品。
4. 为他人经营与甲方同类的业务。

二、乙方离职后的竞业禁止义务

1. 无论因何种原因从甲方离职，乙方应立即向甲方移交所有自己掌握的，包含有职务开发中商业机密的所有文件、记录、信息、资料、器具、数据、笔记、报告、计划、目录、来往信函、说明、图样、蓝图及纲要（包括但不限于上述内容之任何形式之复制品），并办妥有关手续，所有记录均为甲方绝对的财产，乙方将保证有关信息不外泄，不得以任何形式留存甲方有关商业机密信息，也不能得以任何方式再现、复制或传递给任何人，更不得利用前述信息谋取利益。

2. 无论因何种原因从甲方离职，离职后 2 年内不得在与甲方从事的行业相同或相近的企业，及与甲方有竞争关系的企业内工作。

3. 无论因何种原因从甲方离职，离职后 2 年内不得自办与甲方有竞争关系的企业或者从事与甲方商业机密有关的产品的生产。

4. 在与甲方离职后 2 年内，不能直接地或间接地通过任何手段为自己、他人或任何实体的利益或与他人或实体联合，以拉拢、引诱、招用或鼓动之手段使甲方其他成员离职或挖走甲方其他成员。

5. 乙方应于每月 20 日前告知甲方其现住所地址、联系方法及工作情况，甲方可以随时去乙方的住所处核实情况（包括查看乙方的住所地的房屋租赁合同或房产证和向乙方邻居了解乙方的工作情况），乙方应当予以积极配合。

三、竞业禁止补偿

1. 从乙方离职后开始计算竞业禁止期时起，甲方应按竞业禁止期限向乙方支付一定数额的竞业禁止补偿费。补偿费的标准为离职前月度平均工资的 80%。补偿费从离职次月开始按月支付，由甲方于每月的 25 日通过银行支付至乙方。如乙方拒绝领取，甲方可以将补偿费向有关方面提存。

2. 竞业禁止期满，甲方即停止补偿费的支付。

四、违约责任

1. 乙方不履行规定义务的，应当承担违约责任，违约金需一次性向甲方支付，违约金额为乙方离开甲方上年度的薪酬总额的 3 倍。同时，乙方的违约行为给甲方造成损失的，乙方应当赔偿甲方的损失，并且乙方所获得的收益应当全部归还甲方。

2. 甲方不履行规定义务的，应当依照法律规定承担违约责任。

五、争议解决

因履行本协议发生的劳动争议，双方应以协商为主，如果无法协商解决，争议一方或双方有权向甲方所在地的劳动争议仲裁委员会申请仲裁。

上述模板展示了某公司与员工签订的竞业禁止协议，主要对员工行为、竞业禁止补偿、违约责任的内容做了一些规定。竞业禁止的限制对象负有不从事特定竞业行为的义务，所以建议企业与掌握高级机密的人员都签订《竞业禁止协议》。

（2）客户流失

客户流失的风险主要集中在销售服务这一块，尤其是金牌销售员或是销售经理，其掌握的客源多、人脉广、销售经验丰富。这些人员离职通常会带走一些重要的客户，进而对企业的经营产生影响。如何应对这类人员的离职呢？有如表 5-1 所示的几项措施。

表 5-1　预防客户流失的风险措施

措施	具体内容
信息共享	现代企业发展最重要的一点就是信息共享，企业要建立自己的数据库，随时掌握各销售人员的客户资料，以备不时之需
打出品牌	在售后、服务、产品质量等版块打出品牌，让客户认准的是品牌，而不是销售
换岗调区	对于晋升“金牌销售员”的员工进行换岗调区，这样既能将该阶段的客户保留在企业手中，而且能帮助其他地区的销售小组扩大客户源

（3）职位交接风险

对于员工的突然离职，企业最措手不及的就是员工的交接工作，如果一时之间找不到合适的人员来替代，会对企业的正常运作产生影响，尤其对于高层管理人员来说，企业绝大多数的员工都受其管理。如何应对此类风险呢？可从以下几点入手。

- 时刻做好人力资源规划工作，注重人才培养，每个重要岗位上都要安排接替人员。
- 注重对副手的培养，这样职位空缺时，副手可以顶上。
- 提前考虑好备用人才的选项，一旦出现意外情况从备用选项上选择人才。

（4）带走人才

对于长期处在重要岗位上的员工对其直接下属有着很大的影响，其离职可能会带动下属员工的离职，给公司造成不小的影响。所以企业管理者要注意多元化的管理，以及企业文化的传播，让员工对企业有认同感和归属感。另外，实行地区岗位轮换制，适时将员工调离该地区岗位。

（5）影响企业形象

员工离职也许有个人原因，但更多的是对现有的工作条件不满意，而公司对于有潜力的员工应尽量挽留，听取其意见。对于确定离职的员工应好言交流，避免发生不必要的冲突。人力资源部还可以为其做好未来的职业规划，使员工对公司留有好感。

5.1.5 员工离职交接的流程

无论员工是自动离职还是被辞退都需要按流程办理离职手续，如果管理者觉得手续麻烦，不依照公司的规章办理只会埋下隐患，给公司带来损失。通常，企业都会制定自己的离职手续办理规定。

【实用模板】离职手续模板办理规定

模板\第5章\某企业员工离职手续办理规定.docx

某企业员工离职手续办理规定

第一条 目的

规范本公司员工离职流程，保证公司人员相对稳定、维护正常人才流动秩序；避免出现员工辞职期间内消极怠工或离职后因工作交接不清楚，接任人无法胜任工作等状况。

第二条 适用范围

适用于所有员工的离职手续办理。

第三条 离职定义

1. 辞职：公司员工根据个人意愿或因劳动合同期满不愿意续签合同而辞去工作的行为。

2. 事先不必征得员工同意而单方面决定终止与员工的聘用关系的行为，包括结束试用、除名或开除等情况。

3. 自动离职：员工未经公司批准而擅自连续离开岗位3天或全年累计4天以上的行为。辞职、辞退员工未在10个工作日内办理完离职手续者，原则上人力资源部亦会将其转为自动离职。

第四条 离职申请

1. 辞职：员工辞职必须提前一个月向公司提交辞职报告，以书面形式提出申请。

2. 辞退：部门主管提出辞退建议时，应有理有据，并详细填写《员工辞退建议及审批报告单》。

第五条 离职审批

1. 辞职

（1）面谈：部门主管与辞职员工积极沟通，对绩效良好的员工努力挽留，探讨改善其工作环境、条件和待遇的可能性。

（2）审批程序：经面谈后，员工仍然坚持辞职，则填写《辞职审批单》经所属部门经理签字同意后，报人力资源部审核，经总经理批准同意后方可办理离职手续。

2. 辞退

（1）依据：部门主管提供辞退员工的依据，并上交《员工辞退建议及审批报告单》。

（2）审批程序：部门主管提出意见并填写《员工辞退建议及审批报告单》，经一级部门经理核实批准后，报人力资源部核实并签署意见，送总经理审批，总经理批准后，由人力资源部通知拟辞退人员所在部门安排工作移交。

第六条 离职交接

1. 物资交接

（1）本部门：离职员工应将文件资料、档案等所有纸质及电子文档与部门负责人进行交接。

（2）办公室：离职员工应将办公物资、工作证、名片、钥匙等交接给办公室负责人。

（3）其他：公司其他财物应与相关部门办理好物资交接。

2. 工作移交

部门主管在确定员工离职信息后，应尽快安排离职员工进行工作交接，并填写《离职手续移交表》，所有移交工作须有详细的书面记录，电子档应该有详细的归类。使移交后的工作能够顺利进行。

第七条 薪资结算

上述模板是某公司规定的员工离职事项办理手续，包括工作交接、物质交接、薪资结算等内容。其实管理者也不用太过紧张，员工离职问题主要做好外部和内部的工作交接。外部交接指与其他公司或客户的工作往来；内部交接指与公司之间需要核对清楚的工作事项、物品和款项。

交接过程会涉及到一些重要的文件，管理者一定要注意不能遗漏和出错。一般有以下一些文件：

1. 员工直属领导的交接确认文件，以签字确认为准。

2. 财务部门签发的该员工涉及款项无误的文件。

3. 其他相关部门签发的员工工作交接认可文件。

4. 行政部门的《离职单》。

在进行交接时，管理者需要核对的重要表单包括《离职审批表》和《离职手续移交表》。

【实用模板】离职审批表

模板\第5章\员工离职审批单.docx

员工离职审批单

姓名		部门		职务	
入职时间		离职日期		部门主管	
部门经理意见					
人力资源部审核			总经理审批		

《离职审批表》主要在离职审批环节会用到，表示企业中层领导

人同意员工离职，这样双方都没有异议。

【实用模板】离职手续移交表

模板\第5章\员工离职手续移交表.docx

员工离职手续移交表

<table>
<tr><td colspan="2">姓名</td><td colspan="2"></td><td colspan="2">部门</td><td colspan="2"></td></tr>
<tr><td colspan="2">职务</td><td colspan="2"></td><td colspan="2">离职时间</td><td colspan="2"></td></tr>
<tr><td rowspan="5">物资移交</td><td>经办部门</td><td colspan="2">移交物资</td><td colspan="2">移交情况</td><td colspan="2">经办人签字</td></tr>
<tr><td>所在部门</td><td colspan="2"></td><td colspan="2"></td><td colspan="2"></td></tr>
<tr><td>办公室</td><td colspan="2"></td><td colspan="2"></td><td colspan="2"></td></tr>
<tr><td>其他部门</td><td colspan="2"></td><td colspan="2"></td><td colspan="2"></td></tr>
<tr><td rowspan="4">工作交接</td><td colspan="3">具体内容</td><td colspan="2">移交情况</td><td colspan="2">经办人签字</td></tr>
<tr><td colspan="3"></td><td colspan="2"></td><td colspan="2"></td></tr>
<tr><td colspan="3"></td><td colspan="2"></td><td colspan="2"></td></tr>
<tr><td colspan="3"></td><td colspan="2"></td><td colspan="2"></td></tr>
<tr><td rowspan="2">财务结算</td><td>借款</td><td>罚金</td><td>未报销款</td><td>备用金</td><td>其他款项</td><td>合计金额</td><td>财务部意见（签字）</td></tr>
<tr><td></td><td></td><td></td><td></td><td></td><td></td><td></td></tr>
<tr><td rowspan="2">薪资结算</td><td>出勤情况</td><td>奖惩情况</td><td>应付奖金</td><td>补偿金</td><td>补（扣）金额</td><td>合计金额</td><td>人力资源部意见（签字）</td></tr>
<tr><td></td><td></td><td></td><td></td><td></td><td></td><td></td></tr>
<tr><td>总经理审批</td><td colspan="7">签字：
日期：</td></tr>
<tr><td colspan="8">本人确认及同意上述登记内容，离职移交工作及结算手续办理完毕。特此确认。
员工签字：
日期：</td></tr>
</table>

离职交接表是对离职交接的具体内容进行审批确认的表格，管理者通过核对离职交接表就能确认员工离职交接手续是否已经办妥，如若办妥该表格应有各部门经办人的签字，最后统一归档，留作凭证，以免日后出现纠纷。

|5.2|

建立人才信息库，员工离职也不怕

人才库是企业储备各类人才信息的地方，可以说现代企业的发展壮大离不开人才库的建立。而科学有用的人才库不仅仅只是员工信息的搜集，企业更会对每一位员工的工作能力进行评估，并将评估结果放入人才库，整理排序。

企业需要规律性、周期性地对各种人才进行能力评估，这样在企业缺失人才时才会有人才选择空间，而人才库能持续不断地为企业输送人才。一般来说企业的人才库可以分为 3 类，如表 5-2 所示。

表 5-2　人才库分类

类型	具体内容
员工储备	对内部员工适应的岗位进行评估、记录，当内部职位有空缺时，进行内部培训、调档
应聘者储备	对于前来应聘的求职者，如果因招满或其他原因未录用的，可将其资料入库，以后若有同等职位的空缺时，可就近选择符合条件的人才
简历储备	对于公司招聘期内的简历，企业可建立一个简历库，无论是电子简历还是纸质简历都整理起来，有需要时可与相关人才联系

通常人才库是有基础结构的，可分为 3 个层次：高层人才库、中层人才库、基层人才库，有的企业还会另设特殊人才库。在建立人才库时要注意以下几个要点。

①内部档案的建立和完善工作很重要，内容主要包括：基本信息、

职业规划和技能评估等，要注意档案资料不是一成不变的，应该定期更新，以掌握流动的资料。

②在招聘期要进行简历筛选，由于前来应聘的人才较多，管理者应该智能的留住人才简历，起码要进行一轮的筛选，将复试留下的人才资料进行保留。

③人才库的建立应考虑到企业的规划和发展，储备相应的人才。哪些人才应该重点储备，哪些人才可以忽略不计，都需要管理者随时变通，以满足企业的需要。

而人才库建立方案的提出也是相关管理者的重要工作，对人才库建立有指导意义。

【实用模板】人才库建立方案模板

模板\第5章\公司内部人才库建立方案.docx

公司内部人才库建立方案

一、目的

1. 为了更好地满足集团的发展需要，为集团的中、长期发展提供良好的人才保障。

2. 为了增强员工的归属感、提高员工的忠诚度，实现员工的职业发展目标。

二、准备阶段

1. 收集、整理集团内部各层级人员信息，充分了解集团内部的人员现状，准备准确的人员信息表。

2. 对集团内部的岗位职级及岗位职责进行统一的梳理，保证岗位职级及岗位职责的规范化，明确后备人才的晋升通道，实现人才库中信息的对称性，为将来人才流动的合理性打基础。

3. 根据集团发展规划及过往人员流动情况，结合集团的人员现状，分析企业人员需求计划。

4. 对内部“人才”的定位：明确集团的人才具体包括哪些职级和岗位（例如公司人才库分为：高层、中层、部门关键岗位），进入人才库的条件（例如本科学历，入职3年；大专学历，入职5年等）。

三、实施阶段

1. 人才库的初步建立

（1）根据集团规定的进入人才库的条件， 由集团将提交符合的人员统一纳入人才库。

（2）由各部门/分公司根据集团规定的要求，统一上报人才库，集团审核。

2. 人才库信息的动态管理

根据人才的流失、人才的晋升、人才的引进等变化状况，每月对人才库进行更新并反馈。

3. 建立人才库人员培养计划并实施

例如：对进入人才库的人员提供周期性的轮岗培训、在职培训、外训等。

4. 人才库人员的管理

（1）明确人才库管理的机构及职责。

（2）建立人才库人员的考评机制（例如明确考评周期、项目、标准及奖惩措施）并跟踪考评。

（3）明确人才库人员的任用程序（例如由所在部门/公司推荐、人力资源部统一推荐、竞聘等方式的规定）。

四、配套机制的建立

为了顺利推进并不断优化人才库的管理，需要采取相应的措施并建立配套的机制，主要包括：

1. 统一认识，明确人才库建立的作用与意义

采用培训或会议的方式，让全体领导及员工认识到人才储备的重要性与必要性。

2. 设立对管理者的激励机制

（1）对成功推荐优秀后备人才的管理者给予奖励。

（2）将人才的储备与培养纳入管理者绩效的范畴。

3. 设立对人才库人员的激励机制

为了调动人才库人员的积极性、提高其主观能动性，可以定

1

上述模板对人才库建立的准备阶段、实施阶段进行了规划，其实人才库的建立不是一蹴而就的，要一步步来。

首先，要建立一个成熟的人力资源体系，将人才的招聘、筛选、分配、培训等事项系统化，并有保密机制辅助。

然后，企业内应有人才的考核、奖罚、晋升机制，科学地管理在职人员。

另外，配合企业文化的宣传，增强员工对企业的认同，降低人才流失率，保持企业人才库的稳定。

不仅如此，企业管理部门或监督部门要做好人才库监管工作。只有做好这些，才能保证企业不断发展的人才需求。

|5.3| 离职面谈不能少

离职面谈是指在员工离开公司前与其进行的面谈，为什么离职面谈对企业非常重要呢?

离职面谈可以缓和不愉快的事情，让员工不对企业产生怨言，并且通过了解员工离职的原因，能够促进公司在某些方面不断改进与完善。

5.3.1 离职面谈的技巧

很多企业管理者没有意识到离职面谈的重要性，以为只是循例提问即可，却不知道离职面谈也需要一定的技巧，否则企业难以从离职面谈中得到改进的意见。

◆ 知己知彼，做好面谈准备

做好准备是任何事情成功的基础，进行离职面谈也是如此，如果希望离职效果达到预期，首先要对离职员工有所了解，最直接简便的方式是对该员工的信息进行收集。当然，在收集员工信息时应该有所侧重，一般可分三大类。

①个人信息，具体包括家庭状况、职位、学历及经验信息、心理状况和兴趣爱好等。

②绩效和薪酬信息，包括近几年的绩效考核结果、薪酬结构信息和绩效评估等内容。

③离职原因，以《离职申请表》作为参考。

以上3类信息是离职面谈主持人员需要重点收集的，第一、二类信息收集起来较为简单，而最后一类很难断定其真实性。不过，掌握越多的信息，离职面谈越能游刃有余。

◆ 离职面谈负责人的选择要与离职人员的职位有所对应

离职面谈一般由公司人力资源部组织实施，那么由谁负责离职面谈呢？这需要根据离职人员的职位灵活考虑，对于普通员工，可由人力资源专员进行面谈。如果离职员工是企业高级技术人员或中高层领导，人力资源部就应该安排部门主管、副主管主持面谈。

而面对企业核心员工的离职，则由企业高层领导进行面谈，表现重视的同时对员工进行挽留，尽力挽回公司面临的损失。

◆ 面谈策略随时改变

由于员工离职是突发事件，并不在企业的掌控中，根据面谈对象、时机等的不同，企业面谈策略也应有所改变，这样才能尽可能挽留员工或消解员工的抱怨。如下例所示。

张某是某建筑设计公司的设计人员，由于进入公司工作已经两年了，而且一直觉得自己的工作表现还可以，所以张某认为部门主管应该在月底的调薪计划中为自己加薪。

不过，月底他拿到的工资单一如往常，因此很不满意，觉得主管有失偏颇，于是向主管提出了加薪的要求。

主管一向严厉，指出张某的工资已经比其他员工高出一截了，所以不在此次调薪范围内。两人各执己见，张某提出要立即辞职。这件事对公司的影响很大，总经理亲自负责这件事，与张某进行离职面谈，希望弄清来龙去脉。

总经理首先向张某公布了此次调薪的具体标准和比例，并将其中一名调薪员工最近的绩效成绩展示出来辅助说明。

同时将张某近期的绩效成绩与调薪员工作对比，委婉地指出其考核结果位于中等水平，所以此次不能为其调薪。最后，在面谈结束后，总经理还针对张某的绩效成绩提出了一些改进建议。

张某认识到事情的另一面后，冷静了下来，打消了辞职的念头。

以上案例是因为突发事件导致员工有离职的想法，虽然有很多的不确定性，但离职面谈人员要记住首先对员工进行心理安抚，并为其分析利弊，这样最终让其打消辞职的念头。所以要注意沟通的节奏，不能着急，要有理有条。

不过，对于经过深思熟虑决定离职的员工，面谈时要改变策略，主要以获取建议为主，挽留为辅。

◆ 设计沟通题目以开放式问题为主，封闭式问题为辅

人力资源的主持者要明白离职面谈是双向的沟通，而不是单向的传递，面谈顺序是先沟通，后介绍离职的规定或程序。

只有真正倾听了员工的意见，才能建立信任关系，得到有用的信息。所以在设计沟通题目的时候要注意技巧。在面谈中要将封闭式问题和开放式问题结合使用，且注意封闭式问题不能过多。

常见的开放式问题如下所示。

①“你觉得能接受公司的绩效考核方案吗？可否需要改善？”

②“你不太赞成 ×× 主管的管理方式，为什么呢？那你认为他该怎么做呢？”

③“你觉得我们的福利奖金对员工有激励作用吗？如果没有，应该如何改进呢？”

④“你觉得公司各部门之间的协作怎么样？有没有需要改进的地方呢？”

5.3.2　离职面谈的程序有讲究

离职面谈不是临时项目，而是公司的常规工作，所以企业应该规定离职面谈的流程，而进行离职面谈的人力资源专员也应该遵照公司的程序来工作。

【实用模板】离职面谈流程规定

模板\第5章\××有限公司离职面谈流程规定.docx

××有限公司离职面谈流程规定

一、目的

1.通过离职面谈了解员工离职的真正原因，及时发现公司内部管理存在的长处与不足，进一步提高公司管理水平，有效维系企业与员工的良好关系，提高企业对内部和外部人才的吸引力。

2.通过离职面谈可以获得丰富的工作经验及具有建设性的意见，为下一接任者提供帮助。

3.为公司招聘人员时提供参考，招聘适合公司发展的人才。

二、适用范围

公司全体员工。

三、权责

人事行政部负责组织离职面谈工作、提供面谈文档、收集面谈结果数据，并且分析和报告发现的问题和建议。

四、参考资料

《奖惩办法》《员工守则》。

五、定义

离职面谈是指员工准备离职或已经离职后即将离开公司时，企业与员工进行的面对面的谈话聊天的方式。

离职面谈分为：面对面谈话形式、电话谈话形式。

六、内容

1.离职面谈的原则

（1）实效性原则

离职面谈切勿拖延时间，做表面文章，离职面谈要选择安静的环境下进行。

（2）真诚性原则

切忌例行公事，提出敏感的话题，要对离职人员进行善意引导或打消他的疑虑，而不是施加压力。面谈结束后，要对离职人员表示感谢，并表达良好祝愿。

（3）开放性原则

避免采用说教或训诫的方式交流，多问一些类似"什么"、"如何"和"为什么"等开放式的问题，而不是用"是"或"否"就可以回答的封闭式的问题。积极倾听，对有些事情可以进行必要的解释，并思考和理解离职人员说的话（可以只是理解他的观点，但不一定要同意）。

2.面谈流程

离职性质的初步判断（不符合录用条件或主动离职）→人事准备离职面谈资料→选择面谈人与离职员工进行面谈→（部门或员工本人）离职信息通知人事备案→确认是否离职，帮助员工完成离职。

3.面谈准备

（1）面谈人的选择

①一般员工由人事负责主持面谈。

②核心员工由人事行政主管负责主持面谈。

③班组长级以上人员由行政副总负责主持面谈。

④经理级别人员由公司总经理级以上人员负责主持面谈。

（2）面谈时间的选择

①为挽留员工，面谈应选在员工提出离职时。

上述模板对离职流程的重点内容进行了规定，包括适用范围、原则、流程、面谈结果整理等。总体来说，离职面谈程序为4个基本步骤，准备阶段→过程安排→面谈记录→面谈资料整理与汇总。

下面参照面谈的基本步骤，我们分别进行详细的说明。

首先是准备工作，在上一节中我们也提到了要对员工的基本情况有所了解，包括个人信息、绩效信息。除此之外，还需要根据面谈者的情况，准备谈话的方式、策略。另外，还要安排面试的时间、地点，面谈时间不要太长，以20分钟为最佳；地点应选择在轻松、宽敞、明亮的办公室、会议厅，环境要整洁。

其次，在进入面谈过程中，对具体事项的安排要合理、恰当，如表5-3所示。

表 5-3　面谈的过程安排

类型	具体内容
座位安排	面谈的座位安排有 3 种方式：一是斜对面坐，中间隔着办公桌的一角；二是对面坐，两人中间隔着办公桌；三是并排坐，两人面前是办公桌
开场白	请面谈员工入座时，可以握手、点头、微笑作为开场，如果双方不是很熟悉，可进行自我介绍，表明自己的姓名、职位，入座后简要说明面谈的重点和目的。 例如：你好，我是人力资源部的副总监王里，今天约你过来主要是为了了解你离职的情况，希望你能将你的想法毫无保留的说出来，以便于我们做好今后的工作，希望大家能互相提高，今天面谈的内容我们会为你保密，不会对你造成任何不良影响，请你放心
提出问题	进入面谈的正题后，要对面谈者提出问题，覆盖面可以扩大，但要有重点，留出充分的时间让对方表达自己的看法。 例如：你可否谈一下为什么做出离职的决定，是一个原因还是多方面原因的影响
深入了解	如果谈话氛围良好，可以继续深入谈话，以了解更加实际的问题，而提问也不能太表面了。 例如：你还是觉得在薪酬福利方面进行改进比较好吗？如果添加交通费补贴你觉得怎么样
谈话方式	面谈过程中要注意谈话方式，不能急躁或咄咄逼人，时刻注意对方的情绪变化，言谈间体现出公司的人文关怀；另外，最重要的一点就是要尊重对方，切忌窥探面谈员工的个人隐私
面谈结束	面谈结束，起身与对方握手，感谢对方的配合，无论结果如何，也要祝愿对方前途光明，最后送对方离开

然后，要按公司规定做好面谈记录，记录主要的面谈情况和结果。

【实用模板】离职面谈记录表

模板\第5章\员工离职面谈记录表.docx

员工离职面谈记录表

姓名		部门		岗位	
入职时间		离职日期		联系方式	
面谈方式	□面对面谈话形式　□电话谈话形式				
员工离职原因	□薪资原因 □个人发展原因 □工作环境不适应 □企业文化不适应 □未得到充分的支持与授权 □其他：			□福利原因 □人际关系不融洽 □团队气氛不适应 □工作职责及目标不明确 □双方同意终止劳动合同	
最初加入公司的原因					
是什么吸引您加入新的公司？或者对方提供什么条件，是我们公司缺少的？					
您认为公司在以下哪些方面需要加以改善？	□公司政策及工作程序 □上层管理能力 □员工发展机会 □教育培训与发展机会 □其他：			□部门之间沟通 □工作环境及设施 □工资与福利 □团队合作精神	
如果公司提供机会，您可以在哪方面做得更好？					
您对公司留人方面有什么好的建议？					
如果将来有机会，您还愿意加入本公司吗？					
离职面谈人对员工离职原因的分析和总结	行政部：			人事部：	

很多企业为了规范离职面谈记录会统一设置《离职面谈记录表》，这样人事部专员就能根据《离职面谈记录表》记录下重点内容，而且便于整理。

最后，在整理面谈记录时，不仅要进行资料汇总，还要总结离职人员的离职原因，提交自己的分析报告和建议，上交人力资源部的主管人员审核。

5.3.3　离职面谈的问题清单

无论员工的离职情况是怎样的，在进行离职面谈的时候为了了解员工内心真实的想法，要对员工进行一系列的提问，问题包括方方面面。

【实用模板】离职面谈问题清单

模板\第5章\离职面谈问题记录表.docx

离职面谈问题记录表

离职者：	主持面谈者：　　　　　　面谈日期：
公司制度	你对公司总的感觉如何？
	你得到了足够的培训吗？
	你得到有关你的工作表现的反馈了吗？
	有关你的工作表现的评价是否公正、细致？
	你对报酬感觉如何？
	你认为我们的福利计划如何？还需作什么改进？
工作本身	你对辞去的工作感觉如何？
	你的工作是否有足够的机会使你的专业有长进？
工作环境	你认为工作环境为你的工作创造了良好的条件吗？
主管	你对你的主管感觉如何？在管理技巧上如何？
	你向你的主管反映了你的问题和不满了吗？
	他是否令你满意地解决了这些问题？
同事	在工作中你与同事合作得怎么样？
新公司	是你将要去工作的公司吸纳你的，还是你找上他们的？
	你的新职位能够提供本公司现在不能提供的什么东西？
离职原因求证	当你加入本公司时，你一定觉得你能实现自己的职业目标，是什么导致你改变主意的呢？
	是什么使你想到辞职？
建议	我们可以做些什么？你仍然会留在我们公司？

该记录表从公司制度、工作本身、工作环境、主管、同事、新公司、离职原因求证、建议这几个方面进行提问，可以了解该公司对这几方面的情况非常看重。所以不同的公司对于想了解的问题都不同，每个公司应该设计属于自己的离职面谈问题清单。

一般来说，可以围绕如表 5-4 所示的几方面进行提问。

表 5-4　离职面谈问题类别

类别	问题
公司印象方面	1. 你对公司的整体印象如何？ 2. 你认为公司能够提供合适的机会让你发挥所长吗？ 3. 你认为公司的工作环境如何？ 4. 你认为公司的薪资与同行业其他企业相比如何？ 5. 你认为公司的福利计划如何？还需作什么改进
工作氛围	1. 领导对你的工作表现进行反馈了吗？ 2. 你认为对你的工作评价是否客观、公正？ 3. 你认为你的上司是一个合格的上司吗？他是否具备合格的管理技巧？ 4. 你向你的领导反映过你的意见吗？他是怎么解决的？ 5. 你与同事是否能协作完成工作？ 6. 你觉得工作环境适宜工作吗
培训状况	1. 你是否接受了公司的培训？ 2. 你认为公司应向你提供什么样的培训呢？ 3. 你认为自己还缺少哪些方面的培训？ 4. 你认为公司对你的培训成绩评估妥当吗？你觉得公司的培训考核方式合理吗？ 5. 你对怎样的培训和深造方案有兴趣
企业文化方面	1. 你认同公司的企业文化吗？你有更好的建议吗？ 2. 你觉得公司应从哪些方面进行企业文化建设？ 3. 你认为公司该如何缓解员工的压力？ 4. 你该如何改进公司各部门之间的关系
离职原因	1. 你进入公司的初衷是什么？是什么导致你改变初衷呢？ 2. 你离职的主要原因是什么？ 3. 你决定离职是主观因素还是客观因素？ 4. 公司如果接受你的意见，你还会离职吗？ 5. 你的困扰是什么？ 6. 离职后，你有没有明确的方向？ 7. 薪资问题是你这次申请离职的主要原因吗？ 8. 你愿意重新考虑是否离职吗

续上表

类别	问题
其他方面	1. 离职后，你愿意与公司保持联系吗？ 2. 你是否介意公司了解你的发展情况？ 3. 你是否愿意将其他公司的管理经验与公司分享？ 4. 如果以后有机会，你是否还愿意加入本公司？ 5. 你现在所从事的工作是否是你喜欢的，如果不是，你最想从事什么工作

除了离职面谈问题清单，许多企业还会通过离职原因调查表对员工离职情况进行记录。

【实用模板】离职原因调查模板

模板 \第5章\员工离职原因调查表.docx

员工离职原因调查表

姓名： 部门： 职称、职业：
到职日： 离职日： 调查日期：

可能原因	员工感受					
	非常满意	满意	一般	不满意	非常不满意	若选择了最后两项中任一项请予说明
工作本身						
工作环境条件						
能力发挥						
主管						
薪水						
福利						
考核						
培训						
职业生涯发展						
建议						

员工签名： 调查者签名：

比起离职面谈问题来说，员工离职原因调查表的指向性更明显，通过表格能明确地知道员工是对公司哪一项感到不满意，从而着重进行改进。

5.3.4 离职面谈的后续工作

人事部专员在结束离职面谈后，是不是就完成了整个离职面谈工作呢？答案显然是否定的，离职面谈的后续工作也很重要，离职面谈只是过程，而得出结果才是最终的目的。那么人事部专员需要进行哪些后续工作呢？

◆ 审核面谈信息的真伪

并不是所有的离职信息都是有用的，合格的人事专员应该把真实的、有效的信息提供给人事主管或企业高层，那要如何审核信息的真伪呢？主要根据员工个人信息（基本资料、考核成绩）对员工所说的话进行核实。

比如，某员工在离职面谈中提到自己的离职原因是薪水过低，人事部专员要根据其提供的信息，查阅最近半年该名员工的薪资状况，发现薪资状况确实不尽如人意，这时需要结合其绩效成绩，如果该员工近期的绩效评估结果显示其工作能力不足。那么，人事专员可以得出一个结论即该员工真正的离职原因，可能是无法胜任岗位工作。

再比如，某员工在离职面谈中说自己的离职原因是工作环境问题，人事部专员也不能尽信。可以与该部门的其他员工沟通，询问他们对工作环境的看法，最终提交多方意见和自己的结论，供上级领导审核。

◆ 定期分析离职因素

对离职因素的分析能让企业认识到自身的问题，从而在制度上不断完善。而人力资源部的其中一项工作就是定期（月度、季度、年度）将离职面谈的相关资料汇总、将数据对比分析，制作报告或报表提出改进意见，供总经理参考。

◆ 为员工提供帮助

为了实现离职面谈的真正目的——留住员工，在了解了员工的离职原因后，人事部还应该切实做好改进措施，如与员工所在部门的领导沟通，看能否满足员工合理的要求，或为员工提供具体的帮助。

比如，为员工重新设计绩效考核指标，提高员工薪资水平，安排员工进行培训学习等。

5.3.5　离职面谈要注意哪些方面

离职面谈虽然不是专业的工作技能，但是为了达到为企业留住人才、不断改进的目的，谈话必须要有技巧性，并且显得专业。因此，人事专员在面谈中要注意以下事项。

◆ 不能主观误导员工谈话或是暗示员工回答问题。

◆ 语言要温和，切忌给员工带来压迫感，谈话应该是轻松的。

◆ 首先要说明面谈目的，遵循公司规定的程序进行面谈。

◆ 避免谈话过程被打扰。

◆ 要在员工离职前进行面谈，最好是提出离职申请一周之内进行面谈。

◆ 进行离职面谈记录时，首先要向离职员工说明记录的目的，只是为了了解员工离职的原因，并征得员工同意后进行记录，保证会对此次谈话内容保密。

◆ 做好保密措施。

◆ 遵守离职面谈的原则：实效原则、真诚原则、开放原则。

- 注意面谈节奏和措辞，切忌用侮辱性的语言训斥员工。
- 语气中立，不能太过主观，善于站在对方的立场上思考。
- 不要对员工的性格、人格和私人生活进行评价。
- 不能言语歧视员工，或引导员工攻击其他人。

|5.4| 离职管理的各项模板

企业的离职管理包括很多的内容，本章围绕离职手续、离职面谈和离职风险做了具体的说明。不过在实际的工作中人力部专员还需要依照离职管理制度等相关模板进行工作，所以在此需要对相关模板进行补充，如离职协议、调查问卷等。

5.4.1 离职协议书模板

规范的企业在员工离职时，会与员工签订一份离职协议，它也是说明双方已经解除劳动合同的书面形式。关于离职协议的内容，每个企业有所不同，如下所示。

【实用模板】员工离职协议模板

模板\第5章\××有限公司员工离职协议书.docx

××有限公司员工离职协议书

甲方（公司）：

乙方（劳动者）：　　　　　身份证号码：＿＿＿＿＿＿＿＿

经甲方提出与乙方解除劳动合同，并与乙方友好协商，双方一致同意终止双方之间的劳动合同关系，协议如下：

一、双方劳动合同关系自＿＿年＿＿月＿＿日起解除。

二、甲方自本协议生效之日起开始安排乙方办理工作交接事宜，乙方应配合甲方在＿＿日内完成工作交接，提交交接清单，甲方根据公司的离职交接手续为乙方办理财务结算、开具离职证明；否则，视为放弃相应的权利。

三、甲方一次性支付乙方费用人民币＿＿圆整（￥＿＿.00）。该费用已包含了经济补偿金及其他一切补偿金。

四、乙方对甲方应尽保密义务，保证甲方机密资料不外泄，不得在外散播损害甲方利益形象的言论，如给甲方造成重大影响及损失，甲方将追究乙方相关法律责任。

五、本协议第二、三条执行完后，甲/乙双方无任何经济纠纷与劳动争议，也不存在任何关联关系，乙方同意如果其以甲方名义所作的各项事务导致甲方经济损失的，自愿承担相应责任。

六、甲乙双方违反本协议的条款，均应视为违约，未违约方有权主张赔偿损失。

七、因本协议产生的争议，甲乙双方应先协商解决，协商不成，提交甲方所在地法院提起诉讼。

八、本协议一式两份，甲乙双方各执一份，自双方签字或盖章后生效。乙方有效身份证明文件附后。

甲方：	乙方：
法定代表人：	签字：
或委托代理人：	
签订日期：＿＿年＿＿月＿＿日	＿＿年＿＿月＿＿日

上述模板是最常见的一种离职协议书，基本分为 3 个部分：甲乙双方信息、协议条款和甲乙双方签字，而这也是大多数协议的基本内容。该模板主要围绕解除劳动关系的日期、经济补偿金和违约责任进行说明，这类协议的内容也比较简洁，无需长篇大论。

5.4.2　员工离职管理制度模板

离职管理制度相较于其他的离职面谈管理、交接管理等就显得全面多了。为了避免复杂，很多企业都会统一设置《员工离职管理制度》，供各部门统一使用，如下所示。

【实用模板】离职管理模板

模板\第5章\公司员工离职管理制度.docx

公司员工离职管理制度

一、目的

建立规范、完整的离职管理制度，为确保员工离职时，其工作能明确地转移，以利接交人完整地接任工作，同时保证公司工作顺利开展和信息资料资产的安全，特制定本办法。

二、适用范围

适用于××网络管理服务有限公司员工离职时的处理程序。

三、离职管理

1.辞职

（1）员工因个人原因辞职，应于1个月前向其部门负责人或公司负责人提出书面申请。

（2）员工领导与辞职员工积极沟通，对绩效良好的员工努力挽留，探讨改善其工作环境、条件和待遇的可能性。

（3）辞职员工填写《离职申请单》及《终止/解除劳动合同申请表》，经各级领导签署意见审批后，递交其部门负责人或公司负责人。

（4）辞职员工收到公司的《离职申请单》同意确认签字后，方办理离职移交手续。部门应安排其他人员接替其工作和职责。

（5）辞职员工完成所有必须的离职手续后，将《离职交接表》交公司负责人结算薪资。

（6）试用期职员或未签订劳动合同者离职申请应于正式离职前3天填写。

2.辞退、除名

（1）员工严重违反公司规章制度，由其部门负责人填写《终止/解除劳动合同申请表》呈准后，作辞退处理。

（2）辞退员工收到公司的《终止/解除劳动合同申请》后，办理离职移交手续。部门应安排其他人员接替其工作和职责。

（3）辞退员工完成所有必须的离职手续后，将《离职交接表》交公司负责人结算薪资。

（4）员工未经批准擅自离开公司者，视为自动离职，作除名处理。除名员工必须按公司规章制度办理离职手续，行政人事部方可结算薪资。

3.离职面谈

员工辞职、辞退时，该部门负责人与该员工进行离职面谈；如有必要，可请其他人员协助。谈话完成下列内容：

（1）审查文件、资料的所有权。

（2）审查其了解公司秘密的程度。

（3）审查其掌握工作、进度和角色。

（4）阐明公司和员工的权利和义务。

四、移交、监交

1.员工获准离职或作辞退处理时，由公司负责人发给《离职通知书》依规定办理移交手续。

2.离职员工应填写《移交清单》一式3份后，并由移交人及监交人签名盖章。移交清册由移交人、接交人各持一份，一份送公司负责人备查。

3.移交事项

（1）现款、有价证券、账表凭证。

上述模板是较为全面的离职管理制度，内容包括了离职管理、移交和监交管理、薪资管理和其他管理，对离职问题的处理方式进行了详细的说明，非常准确、实用。

5.4.3 员工离职调查问卷模板

为了分析员工的离职原因，很多企业都会进行离职面谈，并通过离职问题清单、离职记录表对面谈过程进行整理、汇总和分析。除此之外，还可以通过问卷调查的方式来达到离职面谈的最终目的，下面一起来看看问卷调查的基本模板。

【实用模板】员工离职调查问卷模板

模板\第5章\××有限公司员工离职调查问卷.docx

××有限公司员工离职调查问卷

本调查问卷旨在分析员工离职原因及工作因素，而不影响公司日后对您的重新招聘。所得资料对公司日后发展极为重要，敬请作答或选择时细心思考，而一切有关您的资料，本公司亦不会向外泄漏。多谢合作！

姓名：____　　部门：____　　职位：______

入职日期：________　　离职日期：_________

1. 什么因素促使您申请离职？

□薪资福利　□晋升　□工作环境　□工作性质

□人际关系　□健康因素　□其他（请说明）：

2. 是什么促使您当初选择加入本公司？

□薪资福利　□公司良好的发展前景

□公司良好的管理环境　□其他（请说明）：

3. 您最喜欢本公司的方面有哪些？最不喜欢本公司的方面有哪些？

喜欢的是：

不喜欢的是：

4. 您认为公司提供给您现在的职位是否合理？

□合理的　□不合理的

原因是：

5. 您喜欢您目前所从事的这份工作吗？为什么？

□喜欢　□不喜欢

原因是：

6. 您认为您现在所在的职位与您的能力相当吗？如果不是，请给出具体说明。

____

____

7. 您觉得在公司是否得到公平的对待？哪些方面？

□得到公平的对待　□没有得到公平的对待

原因是：

8. 您觉得您的上司和您在工作方面的沟通是否顺利？具体表现在哪些方面？

□非常顺利　□比较顺利　□一般　□沟通困难

原因是：

具体表现在：

9. 您觉得在本公司的工作对您的能力提升有帮助吗？哪些方面？

□有　□没有

具体是哪些：

10. 您在工作中是否开心？为什么？

□开心　□不开心

原因是：

11. 目前的工作环境是否是您所期望的？如果不是，您认为本公司应该怎样来改善工作环境？

□是　□不是

上述模板是最基本的一种调查问卷，由 4 个结构组成，一是问卷导语，主要说明问卷的目的，保证不泄露问卷内容等；二是问卷填写的基本资料，包括姓名、部门、职位等；三是问卷主体，即通过选择题、论述题得到员工的看法；四是本次问卷主持方的基本资料。

5.4.4　离职证明模板

离职证明是用人单位与劳动者解除劳动关系的书面证明，是用人单位与劳动者解除劳动关系后必须出具的一份书面材料。一般来说，企业与员工解除劳动合同时会开具离职证明，一来可以作为员工的履历证明，二来也能避免一些不必要的劳动纠纷。当然，被开除的员工，企业一般开具开除证明书而不是离职证明书。

因为离职证明书没有确定的交阅单位，所以不必写收信人的姓名和地址，只需写上开证明的日期。离职证明书的作用主要有 4 点：①

证明用人单位与劳动者已经解除劳动关系；②证明按照正常手续办理离职；③证明是自由人，可以申请失业金或应聘新的职位；④可以凭此转自己的人事关系、社保、公积金等。

【实用模板】离职证明模板

模板\第5章\离职证明书.docx

离职证明书

兹有____（姓名）于___年___月___日至___年___月___日期间在我公司担任____职务，在职期间，工作努力，无不良工作表现。

现因______________原因申请离职，经双方协商一致解除劳动合同，双方确认终止劳动关系。

双方现已就经济补偿金及劳动关系存续期间的所有问题达成一致，并已一次性结清，并已正式办理离职等相关手续。

因未签订相关保密协议，遵从择业自由。

特此证明。

公司单位（盖章）

___年___月___日

员工选择离职，为其开具离职证明是用人单位的法定义务，企业人事负责人不能以任何理由拒绝，而且离职证明书的内容具有一定的约束性，不可轻易填写。一般来说，离职证明书要包括这些内容：单位名称（注册全称）、离职者姓名、身份证号、离职者曾任职务、在职时间、证明开具日期、开具日期处加盖公章。文件中不能有错别字，也不能篡改，如果出错需要重新开具。

离职证明书里还有一项重要的内容需要解释，即有关竞业限制协议的相关说明，如双方签订有竞业限制协议，可注明是否予以执行。书写离职原因时可参考这些内容：1. 希望在 ×× 方面，能获得更广泛的经验；2. 为照顾住在 ×× 的父母，而申请辞职；3. 由于升迁的机会渺茫故申请离职；4. 由于希望获得更高的职位、负更多的责任，而离开现职。可简单写因个人原因，无需详细展开。

第6章

06

员工福利管理：企业应该看重

现代企业越来越重视员工的福利管理，一方面是由于国家对员工福利的重视，另一方面是管理者意识到福利对员工的激励作用很大。所以企业要针对福利的预算与管理制订合理、科学的制度，还要不断学习其他名企的福利计划，以不断改进自身。

|6.1|
企业的员工福利计划

员工福利计划是指企业为员工提供的非工资收入福利计划。越是发达的国家，越是规模大的企业，其员工福利越完善。现在很多企业对员工的福利越来越重视，为员工提供各种福利计划，如退休金计划、年度体检等。

6.1.1 员工福利计划的几种模式

员工福利计划是一个较为笼统的概念，是企业人力资源管理的重要组成部分。其涵盖的内容较多，形式也各不相同。一个完善的员工福利计划，能让企业留住更多的专业人才，并且让员工免除后顾之忧，专心工作。

那么员工福利计划一般包括哪几种模式呢？主要可分为以下4种。

- **法定福利计划**：指国家法律规定的，要求企业强制实施的社会保障制度，如五险（养老保险、医疗保险、失业保险、工伤保险和生育保险）等。
- **企业内部规划**：包括商业保险、员工补充养老保险、体检计划等。
- **股权、期权计划**：一般只针对公司中高层领导人或核心技术人才，以股东身份参与分红（但也要承担一定的风险，具体内容见6.2.3节）。

◆ **其他**：包括深造培训、休假、节假日福利、旅游活动等。

有的企业只为员工提供法律强制实施的福利计划，而大部分初具规模的企业，其员工福利计划多为几种模式混搭，如某企业的员工福利计划主要由以下部分组成：

国家规定的社保 + 企业年金 + 商业团体保险计划 + 节假日奖金。

6.1.2　弹性福利计划

由于员工福利计划的种类多样，所以很多公司会采取弹性福利计划的方式满足员工的需要。员工可以从企业提供的各种福利项目菜单中选择所需要的几项，形成一套福利方案的福利管理模式。

其与传统固定福利的区别是给予员工充分的自主权，最大限度的满足员工的需要。弹性福利计划一般包括如表 6-1 所示的 4 种。

表 6-1　弹性福利计划类别

类别	具体含义
固定项目外加	企业提供每个员工都可以享受的固定福利项目，员工可根据自己的意愿加上一两项“可选择”的福利项目
多选福利套餐	企业设计多种固定的“福利套餐”提供给员工，员工可在其中选择其一
工资下调方案	企业提供相应的福利计划，以降低一定的工资水平为基本条件，员工享有自主权
福利转换	员工要获得福利可以通过放弃或降低其税前奖金

对于企业来说，这样的弹性福利计划有哪些优点呢？主要包括以下 4 点。

员工满意度高。例如年轻员工可以选择工资福利，中年员工可以选择育儿基金，即将退休的员工可以选择养老和医疗。引入弹性福利计划，员工可以自主决定福利项目，体现出企业福利的真正意义。

控制福利管理成本。企业可通过先定福利预算，再设计福利项目的方式来控制成本，而传统的福利计划只能在固定的福利计划上，不断增加预算。

提高企业竞争力。可以增强员工对企业的认同感，并有别于其他企业的福利方式，也是一种人才竞争的手段。

激励员工。传统的福利计划更强调对员工的保障，现在很多企业管理人员将福利也作为激励员工的一种方式。尤其是由员工自己选择的福利项目，更能激励员工。

【实用模板】弹性福利计划模板

模板\第6章\××有限公司年度弹性福利计划.docx

××有限公司年度弹性福利计划

第一章 前言

弹性福利计划是在年度弹性福利总金额限制的前提下，根据员工的岗位重要程度、职级、服务年限、贡献程度等因素计算员工个人的弹性福利总点数。员工根据自己的总点数和实际需求，从公司提供的弹性福利菜单中选购自己所需的福利项目和数量，组合出专属自己的福利套餐。

弹性福利打破了原有福利的大锅饭现象，满足了不同层次员工的个性化、多样化需要，大大提高了员工的满意度，使公司福利政策有更强的针对性和激励效果。

第二章 弹性福利的范围

总部及各分公司全体员工（不包含临时工），均可享有个人的弹性福利点值并购买相关福利项目。

第三章 弹性福利点数的构成及计算方式

一、弹性福利点数构成

1.薪资点数：个人月基本工资×10%

2.职级点数

（1）营业员：100点。

（2）员工（含配送中心组长、专柜柜长）：200点。

（3）主管级：300点。

（4）经理级：500点。

（5）总监B级：1000点。

（6）总监A级：2000点。

3.周年服务点数：满1年起计算，每满1年增加100点，满半年增加50点，最高1000点。不满半年不计算点数。

4.优秀员工点数：上年度优秀员工在本年度增加500点。

二、弹性福利点数的计算

1.计算原则

弹性福利点数均以上年度12月31日为基准来进行核算，在此之后的调薪、升职、工作年限增加等因素不考虑在内。

2.计算方法

个人弹性福利总点数=（薪资点数+职级点数+周年服务点数+优秀员工点数）×系数

（1）入职满一年，员工的系数为1。

（2）入职满半年，员工的系数为0.5。

（3）入职不满半年的员工只全额计算职级点数。

第四章 弹性福利项目及购买点数

暂定1点为1元。具体操作时，用年度员工总点数除以年度弹性福利预算总额计算出系数。

第五章 弹性福利项目的购买流程

一、公布公司年度弹性福利菜单并调查员工弹性福利需求。

二、根据调查结果修正公司年度弹性福利菜单并对福利项目标价。

三、将员工的个人年度弹性福利总点值通知到个人。

四、员工根据个人弹性福利总点值及实际需求情况选择购买弹性福利项目和数量。

五、结果汇总评估后，对于需要调整的福利项目和员工协商上述模板展示了某有限公司年度弹性福利计划，计划内容包括福利范围、福利点数的构成和计算方式、购买流程、福利点数的使用。通过福利点数将员工的职级进行区分，并且用点数替换福利项目，员工又拥有了自主权。

虽然员工福利计划有很多优点，但是对于新手管理人员来说，实施起来难度颇大。福利项目越多，实施起来就越不容易，还会增加统计、核算的工作量。所以管理者应该做好详细的计划方案，才能顺利地实施。

6.1.3　企业年金的方案设计与管理

企业年金是一种补充性养老金制度，是指企业及其职工在依法参加基本养老保险的基础上，自愿建立的补充养老保险制度。企业员工参与企业年金方案的条件有以下两点。

①与企业签订劳动合同且试用期满。

②依法参加企业职工基本养老保险并履行缴费义务。

企业年金分为两种类型，一是缴纳年金，二是待遇年金。

◆ 缴纳年金

通过建立个人账户的方式，由企业和员工定期按比例缴纳保险费（员工可根据自己的需求和条件选择缴纳比例或申请放弃加入企业年金方案），员工退休时的企业年金水平取决于资金积累规模及其投资收益。

【实用模板】申请放弃加入企业年金方案模板

模板\第6章\员工放弃参加企业年金计申请表.docx

员工放弃参加企业年金计划申请表

企业名称			
姓名		性别	
出生年月		身份证号码	
住址		联系电话	
手机号码		入职时间	
人力资源部意见			
职工个人声明	本人已了解本人在××有限公司年金计划中所享有的权益和应承担的义务，本人自愿放弃加入本年金计划，承诺遵守该退出计划的相关程序规定，并承诺以上所填信息真实、完整。		
申请人（签字）： 年 月 日			
备注：由于企业年金基金实行市场化运营，投资存在风险，可能会出现投资亏损、基金缩水等情况，请职工充分考虑、慎重参加。			

上述模板是某企业为员工提供的放弃加入年金计划的申请表，如有员工不愿意参与年金计划，可以填写自己的个人信息和意愿，上交到部门主管处，公司人力资源部就能统一规划了，对公司的管理很有帮助。

而缴纳年金这种运作方式有哪些优缺点呢？如表 6-2 所示。

表 6-2 缴纳年金的优缺点

优点	缺点
1. 对企业来说，简便灵活，减轻了企业的负担，很多工作（如缴费率计算等）都可由保险公司承担。 2. 对很多人才有吸引力，使得企业在同行业竞争中有优势。 3. 自由度高，对企业和员工没有较大的约束，可以随时终止	1. 由于退休年龄不同，企业经营水平不同，员工退休时的养老金额也会相差较大，很多员工心里会有落差。 2. 个人账户中的养老金额受投资环境影响较大，企业经营有问题或是市场环境出问题，直接影响养老金的保值增值。 3. 缴纳年金鼓励员工在退休时一次性领取养老金，随即终止养老保险关系，不过由于养老金额较大，可能会扣除较多的所得税

◆ 待遇年金

待遇年金的缴纳费用并不是确定的，不过无论缴费多少，员工在退休时的待遇是确定的。一般来说，可按照员工的工作年限，从经办机构领取相当于其工资收入一定比例的养老金。

所以待遇年金与员工工作年限和工资水平相关，计算公式是：

员工养老金 = 工作年限内的平均工资 × 工作年限 × 系数

待遇年金基本特征有 5 点，如下所示。

①以收入和工作年限确定养老金，保障员工的基本利益。

②养老金与工资的增长呈正相关。

③员工的个人风险较小，主要由企业承担因经济变化引起的企业年金收入波动风险。

④一般会规定员工享受年金的条件，如工作满 10 年。或是规定养老金的上下限，对各类员工进行分类，按级别领取相应的养老金额。

⑤待遇年金限制比较多，员工在退休前不能领取，流动后也不能转移。员工在退休前或退休后死亡，家属也不能再领取，不过公司会一次性支付一笔抚恤金。

缴纳年金和待遇年金相比较，主要有如表 6-3 所示的区别。

表 6-3　缴纳年金和待遇年金的区别

区别	缴纳年金	待遇年金
风险程度	员工退休时领取缴纳年金的多少与积累基金的规模和投资收益密切相关，所以员工最后还要承受年金投资失败的风险	待遇年金的领取不受市场制约，只与员工退休前的工资水平和工作年限有关，不过会受通货膨胀的影响

续上表

区别	缴纳年金	待遇年金
市场环境	市场环境的好坏对缴纳年金影响很大，只有资本交易市场完善，有多样化的投资产品可供选择时，年金资产管理公司才能在投资中获益，员工才能得到年金投资的收益	金融市场不是很完善的国家，可选择待遇年金
使用范围	现在在国际上采用较多的还是缴纳年金计划	现在采用较少

【实用模板】年金计划模板

模板\第6章\××公司年金计划.docx

××公司年金计划

为了保障和提高本企业职工退休后的企业年金待遇，建立多支柱养老保障体系，调动本企业职工的劳动积极性，增强企业的凝聚力，劳动生产率，促进企业的健康持续发展，制定本企业年金计划。

第一章 总则

第一条 根据国家和本地区的有关法规，结合企业的实际情况制定本方案。

第二条 宗旨与原则

1. 为最大限度地保障职工的利益，改善职工退休后的生活，增强企业的凝聚力和向心力，促进企业发展。

2. 坚持“效率优先、兼顾公平原则，实行差别待遇”，企业为职工缴费因岗位、职务和企业工龄的不同而有差别。

第三条 管理模式

1. 建立企业年金理事会，由企业和职工双方代表组成，选择制定本公司企业年金实施方案，签订委托协议，并监督委托协议的执行。

2. 企业年金委托相关管理机构进行日常事务经办、投资运营和待遇发放。

第四条 覆盖范围

本方案适用于为企业服务满一年，并与企业建立合法劳动关系一年以上的职工。

第二章 企业年金的建立和管理

第五条 资金来源

企业年金由企业缴费和个人缴费筹集资金，通过企业年金理事会委托专业投资管理机构投资运营。

第六条 企业缴费

1. 企业根据经济效益情况决定企业年金的缴费比例。缴纳比例一般在本单位职工工资总额的10%左右，最高不超过15%。按照国家相关规定，缴费资金从经营成本中、公益金或奖励、福利基金中列支。

2. 根据“效率优先，兼顾公平”的原则，企业可以按照职工的劳动贡献、工作年限等，自主决定或集体协商职工企业年金的分配方法。劳动贡献大、工作年限长的职工，可以适当提高其企业年金缴费比例。

3. 为了与国家和地方有关现行政策相衔接，对国家规定应提高退休待遇的职工，可以适当提高其企业年金缴费比例。

第七条 个人缴费

个人缴费比例由职工自行决定。

第三章 个人账户的建立和管理

第八条 账户基金

记入个人账户的企业和个人缴费完全归入个人账户，由企业年金理事会统一制定投资策略，并委托专业投资机构投资运营。

第九条 个人资产所有权

个人账户收益人享有个人账户积累资产的所有权和继承权。

第十条 知情权

个人账户收益人有权了解自己账户资金运营情况，每年至少

上述模板是某公司的年金计划，着重从原则、管理模式、覆盖范围、企业缴费、个人缴费、个人权益等方面做好规定。当然，由于该模板是采用缴纳年金的方式进行计划，所以对支付方式和特殊情况的处理

也做了详细的规定。如员工病退、病故或违约等，都依照规定办理。

6.1.4　员工心理健康管理计划

王某是某食品加工企业的人事专员，该企业规模较大，公司内部注重员工的福利和健康，对心理健康的管理也十分看重，设计了员工心理健康管理计划。所以王某平常会负责普通员工的心理辅导培训。

罗某是该公司的厂房工人，从公司发展初期就在公司工作，是公司的老员工。不过由于之前他在采购部任职，负责运输方面的工作，自从被调去生产部后，他的工作积极性就大大降低。通过调职后的绩效表现，王某觉得有必要和他谈谈，看是否可以通过沟通，解决罗某的问题。因此，他们在人事部进行了一次谈话。

王某：罗某，调职后你的工作绩效一直在降低，你自己觉得做起来还顺利吗？

罗某：老实说，我一直是采购部的员工，现在从事生产很不习惯，对领导的决定也很难理解。

王某：调职的事，其实部门领导应该和你解释清楚的，现在运输行业迅速发展，早已不是前些年的样子，公司与原材料企业和运输公司有了新的合作形式，已经打算缩减采购运输工作了。因为生产部的工作多，所以才将你调职。而且生产部的绩效越好，工资就会越高，这正是你努力赚钱的机会啊。

罗某经过思考，开始转变心态。

王某：当然，你被调职一时适应不过来，也是可以理解的。不过你消极怠工是不必要的，你有不满都可以提出来，公司会想办法解决。

罗某：我理解公司的决定，但是我确实不熟悉生产方面的事务。

王某：如果你需要的话，可以参加公司的培训项目，与其自己苦恼不如让公司来帮助你，免得自己的压力过大，更不能好好地工作。

经过王某的开解，让罗某了解了调职的前因后果，并得到了帮助。之后经过一段时间的培训，罗某终于重新进入了工作状态。

通过上述案例，我们可以看到员工在工作中因为各种事项，心理也会受到影响。所以企业应该重视这一问题，对员工进行心理健康管理。

企业员工心理健康管理是非常现代的管理观念，通过专业的心理培训来改善和维护企业员工的心理健康。很多企业还会为员工创建心理健康档案，做健康评估。这样可以保证员工积极地工作，为企业发展带来源源不断的动力。

企业员工心理健康管理不仅仅是如案例所示的面谈，它是一种持续的管理过程，一整套的心理健康管理要经过几个步骤，并且做好每个步骤，才能保证心理管理的效果。主要需要经过入职测评、心理健康评估、心理健康培训和辅导、员工心理咨询、汇总及回访这几个过程。

◆ 入职测评

通过入职测评可以对员工的基本性格、心理状况有一个初步的了解，为企业人事部的心理档案提供初始资料。如下所示是某公司的入职测评。

××有限公司入职员工心理测试题

此套心理测试题是本公司的入职测评，仅作参考，希望各位如实填写。每题只选择一个答案，应为你的第一印象的答案，总分即为最终得分。

1. 你平时休闲经常去的地方？

A. 郊外　B. 电影院　C. 公园　D. 商场　E. 酒吧　F. 练歌房

2. 你认为容易吸引你的人是？

A. 有才气的人　B. 依赖你的人　C. 优雅的人

D. 善良的人　　E. 性情豪放的人

3. 如果你可以成为一种动物，你希望自己是哪种动物？

A. 猫　B. 马　C. 大象　D. 猴子　E. 狗　F. 狮子

4. 你更喜欢吃哪种水果？

A. 草莓　B. 苹果　C. 西瓜　D. 菠萝　E. 橘子

5. 天气很热，你更愿意选择什么方式解暑？

A. 游泳　B. 喝冷饮　C. 开空调

6. 你喜欢看哪类电影、电视剧？

A. 悬疑推理类　B. 童话神话类　C. 自然科学类

D. 伦理道德类　E. 战争枪战类

7. 以下哪个是你身边必带的物品？

A. 打火机　B. 口红　C. 记事本　D. 纸巾　E. 手机

8. 你出行时喜欢乘坐什么交通工具？

A. 火车　B. 自行车　C. 汽车　D. 飞机

9. 如果要与一个你讨厌的生物生活在一起，你能容忍哪一个？

A. 蛇　B. 猪　C. 老鼠　D. 苍蝇

10. 以下颜色你更喜欢哪种？

A. 紫　B. 黑　C. 蓝　D. 白　E. 黄　F. 红

11. 下列运动中挑选一个你最喜欢的（不一定擅长）？

A. 瑜伽　B. 自行车　C. 乒乓球　D. 拳击　E. 足球　F. 蹦极

12. 你更喜欢以下哪种天气现象?

A. 雪　B. 风　C. 雨　D. 雾　E. 雷电

13. 你希望自己的窗口在一座30层大楼的第几层?

A.7层　B.1层　C.23层　D.18层　E.30层

14. 你认为自己更喜欢在以下哪一个城市中生活?

A. 丽江　B. 拉萨　C. 昆明　D. 西安　E. 杭州　F. 北京

15. 如果你拥有一座别墅，你认为它应当建立在哪里?

A. 湖边　B. 草原　C. 海边　D. 森林　E. 城中区

计分标准如下：

选项	题号分数														
	1	2	3	4	5	6	7	8	9	10	11	12	13	14	15
A	2	2	2	2	5	2	2	2	2	2	2	2	2	1	2
B	3	3	3	3	10	3	2	3	5	3	3	3	3	3	3
C	5	5	5	5	15	5	3	5	10	5	5	5	5	5	5
D	10	10	10	10		10	5	10	15	8	8	10	10	8	10
E	15	15	15	15		15	10			12	10	15	15	10	15
F	20		20							15	15			15	

结果如下：

180分以上：意志力强、冷静理性，追求结果，善做领导型工作。为人和善，看重人际关系，不轻易认输。有时会出现认死理的情况，较为固执、急躁。

140分~179分：性格好，善于左右逢源，较为理性，同时渴望成功。

100 分～ 139 分：比较感性，人际交往看重感觉，性格较孤傲，有点优柔寡断，可以从事有创造性的工作。

70 分～ 99 分：好奇心强，事业心一般，生活态度随遇而安，但耐心较差。

40 分～ 69 分：为人真诚重情义，性格踏实稳重，工作起来认真，没什么事业心，做事注重规律。

通过以上的测评题，我们可以将新入职的员工进行分类，并建立类别和个人心理档案备用。人力资源部甚至可以根据初步测试，安排合适的工作给员工。

◆ 心理健康评估

心理健康评估与入职测评的操作差不多，不过是员工个人对自身心理状况的评价，这样更能全面反映员工的实际情况。

◆ 心理健康培训和辅导

公司应该定期安排心理讲座对常见的职场心理问题进行分析，并提出预防和解决的办法。或是开设心理健康培训班，系统地开设相关课程，让员工能够自查自纠。

◆ 员工心理咨询

员工心理咨询分为个人心理咨询和团队心理咨询，如表 6-4 所示。

表 6-4　员工心理咨询分类

类别	包括范围
个人心理咨询	1. 个人动机面询。 2. 个人焦点解决短期咨询
团队心理咨询	1. 小组心理咨询。 2. 团队素质拓展训练

◆ 汇总及回访

最后这个过程是心理健康计划中最为关键，也是决定计划效果的一步。虽然有前期的心理建档、心理评估和咨询，但后续员工的心理问题是否真正解决还需要管理者关心。可以通过个案回访和电话询问两种方式来完成最后一步，然后将回访的最终结果记录到员工心理档案上，日后可做参考资料使用。

【实用模板】回访记录模板

模板 \第6章\员工心理咨询回访记录表.docx

员工心理咨询回访记录表

部门		姓名	
职位		咨询日期	
直接主管		回访方式	
回访内容			
回访员工意见	总体评价：满意□　一般□　不满意□		
HR建议	HR签名：　日期：		
备注			
回访员工：　回访时间：			

上述模板是某企业员工心理咨询回访表，通过该表可以对管理人员进行监督和管理，并以此查看员工的心理状况。主要结构包括员工个人资料、咨询情况、回访情况以及管理人员建议。

6.1.5　健全员工福利体系

员工福利在现代企业中已经越来越受重视，一般作为奖励提供给员工个人或小组。而福利也会计入企业的薪酬成本中，所以企业的福利计划要形成完整的体系，才能为企业带来最大的价值。

那么，企业如何建立健全的福利体系呢？可以通过如图 6-1 所示的 5 个步骤实施工作。

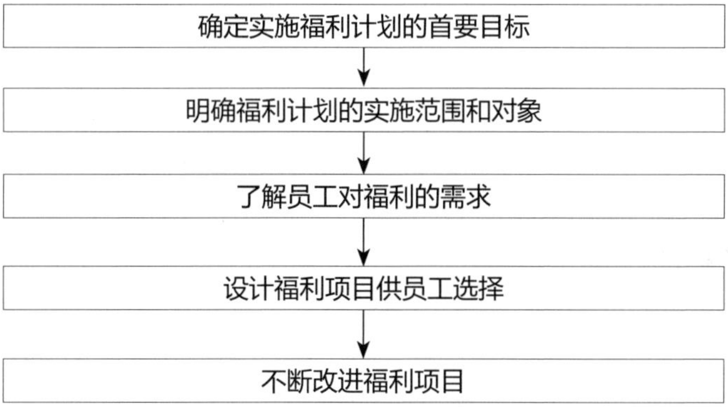

图 6-1　建立健全的福利体系流程

首先是确定目标，除了严格遵守国家规定外，还要结合企业自身的情况进行考量。考虑因素包括企业经营状况、成本和员工人数等。对于发展初期的企业，福利目标更多的是辅助激励，高薪才是员工真正想要的，因此福利预算可以减少，福利项目也不必太过丰富；而对于进入稳定期的企业来说，中高层员工越来越看重福利，所以企业可以逐渐调整薪酬和福利的比例。

其次是规定福利实施范围，即是为中高层员工设计，还是所有员工都有份。范围不同，需求不同，设计当然也会不同，所以应该事先明确福利实施的对象。

然后是了解员工的福利需求，可以在福利范围内征求员工意见，或是公开公司拟定的福利项目，进行双向沟通。

之后是选定福利项目，企业管理者最好结合公司的薪酬结构来设置福利项目和指标。具体有哪些福利项目呢？如表 6-5 所示。

表 6-5　福利项目分类

类别	具体项目
经济性福利	交通补贴、工作餐补贴、住房补贴、带薪休假、体检、员工分红等
设施性福利	公司食堂、资料阅览室、员工宿舍等
辅助性福利	年假、产假、公司旅行活动、定期聚餐等

【实用模板】福利合同模板

模板\第6章\××公司福利合同.docx

××公司福利合同

甲方：________

乙方：________

根据《中华人民共和国合同法》，甲乙双方就员工使用甲方医院、学校、幼儿园等福利机构和公共、公益设施，甲方为员工提供服务事项，达成如下协议：

第一条 适用范围

1. 本合同所指员工为与乙方签订劳动合同的在职人员。

2. 乙方应于每年第一个月的 10 日前向甲方提交员工名单。

第二条 服务费用的支付方式及期限

1. 甲方向乙方职工提供学校、幼儿园等教育服务所产生的服务费用，按以下方式承担：乙方每年向甲方支付教育经费________元。

2. 乙方职工在甲方所设立的医院就医，按国家的医疗保险制度执行，不再支付其他费用。

3. 乙方应于享受甲方服务当年的下一年度六个月之内，按乙方应负担的比例向甲方支付享受服务当年的服务费等相应费用。

第三条 甲方的权利与义务

1. 甲方有权要求乙方按照双方各自应当承担的部分承担服务费用。

2. 甲方提供给员工的福利标准（包括向乙方收取的学校、幼儿园、医院等费用标准）应与甲方向甲方员工提供的福利标准一致。

3. 甲方负责协调、处理员工就甲方提供的服务所提出的合理要求，在乙方认为必要时，乙方应给予必要的配合。

第四条 乙方的权利与义务

1. 如甲方向员工提供的服务违反我国相关法律、法规的规定，乙方有权要求甲方及时协调、处理。

2. 乙方根据自身的情况决定提高员工的福利费用标准时，应自做出提高其员工福利费用的决定之日起一个月内通知甲方，并以书面形式将提高标准的具体情况提交甲方。双方应另行商定服务费用的数额。

第五条 其他

1. 如因国家法律、法规或相关政策的变动造成员工福利标准的提高或项目的增加，则服务费用按国家规定提高的幅度或增加的项目情况支付。

2. 甲乙双方约定，公共、公益设施部分，由甲方建设，乙方按照投资总额的一定比例支付使用费。

3. 本合同有效期为____年，自____年___月____日起，至____年___月____日止。

4. 本合同自甲、乙双方签字盖章并经乙方之股东大会在关联股东回避表决的情况下审议通过之日起生效。

甲方（盖章）：________　　乙方（盖章）：________

负责人（签字）：________　　负责人（签字）：________

______年___月___日　　______年___月___日

上述模板是某公司与员工签订的福利合同，是在确定公司福利计划后，按照相关条款签订的。对公司和员工的权益进行了规定，而且签订此合同的员工是仅仅在某一福利范围内的员工。

最后是不断改进福利措施，对每个环节的跟踪调查，查看效果并征求员工的反馈意见，领导层开会对福利措施进行改进。

【实用模板】福利制度模板

模板\第6章\公司员工福利管理制度.docx

公司员工福利管理制度

为保障员工依法享有国家规定的各项福利，充分体现公司对员工的人文关怀，不断增强公司的凝聚力和竞争力，进一步规范公司福利管理工作，特制定本方案。

第一条　本方案适用于公司全体员工。

第二条　凡是公司员工，均依法参加国家规定的社会保险，即基本养老保险、基本医疗保险、失业保险、工伤保险、生育保险并享受住房公积金等。

第三条　公司每月为员工提供300元伙食补助。

第四条　公司本部员工项目部每月累计15天及以上的发放工地补助300元。

第五条　由于条件艰苦，环境恶劣，因此对于在××生产线上的员工按照每人每天10元的标准发放补助。

第六条　节假日补助。在法定节假日，员工可享受节假日补助，具体标准如下：

1. 春节、“十一”按每个节日人均1000元标准，发放实物礼品或购物卡。

2. 元旦、“五一”、端午节、中秋节按50～100元/人标准购赠节日礼物。

3. “三八”妇女节按300元/人标准向女员工购赠节日礼物。

第七条　防暑降温费。公司员工按每年300元/人标准发放福利费用。

第八条　暖气费、水电费补贴。暖气费每年补贴一次，850元/年；水电费按月补贴，标准为每月30元/人。

第九条　员工受伤、生病住院或员工父母、配偶、子女住院（连续住院时间10天以上），由单位、委员会代表公司进行慰问，并购买100～300元标准的慰问品。

第十条　员工体检。公司每两年为员工提供一次常规体检，费用由公司承担。

第十一条　困难补助。根据实际情况，每年为特困员工给予适当补助。

第十二条　公司员工本人或直系亲属若发生法律纠纷，公司可安排法律顾问无偿提供法律方面的咨询服务。

第十三条　公司每两年为员工统一购置一套职业装。

第十四条　团队活动费。在工作或非工作时间，公司将定期、不定期组织相关活动，费用由公司承担。

第十五条　独生子女医药费、独生子女费。

公司员工独生子女医药费按照有关政策规定，对未满16周岁的独生子女医药费给予适当补贴，结合本公司实际情况，每年每人补贴独生子女医药费500元，凭票报销，超额自负。

第十六条　市内交通费。公司本部工作人员在150元/月的标准报销交通费。

第十七条　通讯费报销。按照《关于调整移动通讯话费报销标准通知》执行。

第十八条　其他为公司工作的相关人员可参照本方案执行。

第十九条　员工在试用期间只执行本方案第二条相关保险待遇。

第二十条　本方案从发文之日起实施，之前公司制定的相关文件同时停止执行。

第二十一条　本方案由公司人力资源部负责解释。

上述模板是某公司员工福利管理制度，对公司的各个福利项目进行了规定。该公司的福利项目较丰富，包括伙食补助、节假日补助、防暑降温费、水电费补贴、员工体检、独生子女医药费、通讯费报销等，主要是经济性福利。

|6.2|

工作效率是激励出来的

现在，通过激励对员工进行管理已经成为企业管理者的基本管理策略了，有经验的管理者会知道在什么时候激励员工。让员工认识到自己的优点，可以激发他们工作的热情，这样能为企业带来更大的利润。

6.2.1 管理者应避开哪些激励陷阱

管理者对员工进行激励并不是简单的夸奖几句、发点奖金，规范的企业会制订详细的激励制度。适度的激励员工，争取获得利益最大化。所以管理者在实行激励计划时，应该避免一些常见的陷阱，以免激励的效果大打折扣。

（1）考核标准模糊

公司制订激励制度是为了更加规范地管理员工，提高工作效率，但是考核标准模糊会给实施人员带来很大的麻烦，也会影响激励制度的效果。

如某公司为了激励销售人员，通过业绩对销售人员进行奖励，如何判定业绩高低呢？如果个人业绩与公司利益之间有取舍的余地，难保不会有销售人员牺牲企业利益来提高个人业绩。比如为了提高销售量而降低售价等行为，也是企业中常见的一种行为。

所以有一个完善的评分机制和考核标准尤为重要，如下例所示是某公司《积分激励制度》的评分办法。

1. 适合全体员工，依据公司《月度绩效考核管理》考核结果得分。

等级	考核评分	积分
1	95 分以上	+2
2	80 ～ 94 分	+1
3	60 ～ 79 分	0
4	60 分以下	−2

2. 依据公司每期《项目进度排期责任表》完成情况得分。

（1）推广部岗位：依据部门目标分配任务。

等级	任务完成情况	积分
1	完成 50% 以上月度任务	+2
2	完成 30% 以上月度任务	+1
3	每完成 1 个城市签约	+1

（2）技术部大数据岗位：依据开发任务难易程度积分，团体沟通分配任务。

等级	任务难易程度评价、积分标准	积分
1	解决行业技术性难点	+5
2	完成行业先进性方案	+5
3	技术发明专利通过审核（每项）	+3
4	解决工作中主要技术难点	+2
5	局部创新，优化局部技术及流程	+1
6	延误 1 天工作量	−1
7	无技术难点的缺陷延期不解决，每延误一天（当月绩效不合格）	−2

3. 部门经理积分考核。

考核内容	积分
因工作分配混乱不清，造成员工普遍意见的	−5
部门完成月度目标任务的	+1
部门连续两个月全部完成目标任务的	+3
部门连续两个月超额完成 20% 以上任务目标的	+5

4. 积分异议处理。所有积分奖励与扣减的管理人员和员工均有提出异议的权利，人事部领导和总经理综合考虑异议，再开会确定处理决定。

5. 积分遵循结果一致性原则，即部门员工的平均分不得超过部门负责人得分，员工个人可超过部门负责人得分。

（2）为业绩设置上限

一般来说，激励措施的设置应该以员工业绩越高、公司利润越高为原则。不过，员工每月的工作量是有限的，大多数员工都只是在工作基础上取得一点小的进步。

所以没有必要在激励机制中设置上限，反而应该仔细考虑两个门槛：其一是大多数员工通过努力能都达到的标准；其二是少部分优秀员工才能达到的标准。

如果为员工业绩设上限，如设置销售额 10 万元的限制，反而会限制员工的潜力，形成与激励相反的效果。员工会想，反正超过 10 万元的销售额与 10 万元销售额所获得的奖励是一样的，那我也不必那么辛苦了。

（3）某项指标占比过重

有的时候，公司为了提高某一方面的业绩，会出现将其激励程度大大提高的情况，短期来看好像是没有什么问题的，但是长此以往会丧失平衡，带来不可预知的风险。

如某公司为了开拓国外市场，所以将国外客户的交易量看得较重，并设置了每签约一个国外客户就提成 5%的考核标准，但是与国内客户签约只能提成 2%。这样业务人员就会忙于与国外客户的联系，反而容易失去已有的国内客户，得不偿失。

正确的做法应该将两者结合起来，签约两个国外客户可提成 10%，签约两个国内客户提成 10%，但是签约一个国外客户加一个国内客户就可提成 12%。这样业务人员就会在原有的客户基础上拓展国外市场。

（4）团队之间冲突

对于团队工作来说，项目是相互协作的，各员工的分工也不同，利益分配如果不协调好，就会引起一部分员工的不满，进而影响项目进度。

如某项目进程中，采购部在意采购成本；生产部在意质量；销售部在意生产进度。分工不同，需求不同，冲突就会产生。所以企业对激励制度的设置一定要不断优化、调整，减少团队间的摩擦。

（5）不重过程重结果

很多企业管理者都会犯一个错误，即把最终的结果当作考核的标准，这样看似能激发员工的潜力。事实上，很多员工为了达到结果而忽略过程，导致公司实际利益受损，如产品质量不过关。

真正有经验的管理者会在工作过程中选择考核的标准，或是针对员工的具体行为设置奖励。如投诉率和效率结合，维修率和客户满意度结合，单位成本的产品生产数量与质量结合等。

6.2.2 设计科学的薪酬激励制度

薪酬激励可以有效提高员工的工作积极性，从而提高工作效率。在设计薪酬激励制度时要遵循科学、合理的原则，才能达到最终的效果，如下案例所示。

某公司在成立初期为了调动员工的积极性，设计了一套符合公司发展的薪酬激励制度。在这套制度管理期间，员工一个个都干劲满满，每个月员工的绩效都超出了主管的预料，公司飞速发展。

不过随着公司规模的扩大，员工人数不断增加，组织结构也越来越复杂，当初设计的薪酬管理制度对很多员工都没有激励作用了。不过公司管理人员并没有意识到这个问题，直到同行业竞争企业发展起来，致使公司业绩惨遭“滑铁卢”，而且不断有优秀人员离职。

在此情况下，公司总经理意识到薪酬激励制度已经没有发挥作用了，很多核心人员的工资与其他员工差别不大，致使公司内部死气沉沉。针对薪酬激励制度出现的各种问题，如内部有失公平，薪酬结构不合理，薪酬水平脱离市场等，人事部与部门负责人召开会议，通过前期调查和公司情况，对原有薪酬激励制度进行了调整，使公司渐渐进入运营正轨。

【实用模板】薪酬激励制度模板

模板\第6章\公司薪酬激励制度.docx

公司薪酬激励制度

第一章 总则

第一条 为规范公司内部薪酬管理，充分发挥薪酬体系的激励作用，制定本制度。

第二条 本制度制定了两类人力资源：重要人力资源、普通人力资源的薪酬体系构成及管理。

第三条 公司薪酬设计按人力资源的不同类别，实行分类管理，着重体现岗位价值和个人贡献。鼓励员工长期为企业服务，共同致力于企业的不断成长和可持续发展，同时共享企业发展所带来的成果。

第二章 普通人力资源的薪酬体系

第四条 公司薪酬体系由岗位工资、工龄与学历补贴、业绩工资、奖金、福利补贴等部分组成。

1. 岗位工资

岗位工资是根据岗位在企业中的重要程度确定的工资标准，它和工龄与学历补贴构成标准工资。

2. 工龄与学历补贴

工龄与学历补贴是对员工长期为企业服务和员工教育付出所给予的一种补偿。工龄与学历补贴按月发放。

3. 业绩工资

业绩工资根据企业超额奖兑现情况由企业制定分配方案，业绩工资一般在年终依据考核结果发放。

4. 奖金

奖金是指对做出重大贡献或优异成绩的集体或个人给予的奖励。奖金可以在任何时期发放。

5. 福利

福利是指公司对员工在公司成长或发展过程中贡献的回报，同时也为鼓励员工长期为企业服务而设立的增收项目。

第三章 重要人力资源的薪酬体系

第五条 重要人力资源的薪酬由岗位工资、工龄与学历补贴、业绩工资、福利补贴等构成。

第六条 岗位工资

岗位工资由公司在核定的工资总额内根据不同岗位在企业中的相对价值确定。公司聘任的专业职务人员的岗位工资一般为：高级专业职务比照公司副总经理的岗位工资标准确定，中级专业技术职务比照公司部门经理工资标准确定，初级专业职务由公司根据实际情况规定。特殊专家的岗位工资标准可不受上述条件限制。岗位工资按月发放，年终与绩效考核结果挂钩兑现。

第七条 业绩工资

公司根据年终考核汇总结果，制定重要人力资源的业绩工资分配方案。

第八条 福利补贴

公司根据本企业的实际，制定重要人力资源的福利补贴方案。

第四章 普通人力资源——营销人员的薪酬体系

第九条 根据普通人力资源中营销人员职业的特殊性，为突出营销人员在企业中"龙头"的作用，制定不同的薪酬体系。

第十条 营销人员薪酬体系由岗位工资、工龄和学历补贴、

上述模板展示了某公司的薪酬激励制度，主要包括总则、薪酬体系、薪酬补贴、其他规定这 4 个结构，通过对员工进行分层、设置科学的薪酬体系，如普通人力资源、重要人力资源、营销人员，这样可以通过岗位重要性设置适合每位员工的薪酬激励标准，达到内部的公平，平衡内部冲突。

通过上述模板，我们可以知道，制定公平、合理的职位薪酬标准是薪酬激励制度的关键点，管理者要遵循如表 6-6 所示的 3 个原则。

表 6-6　制定职位薪酬标准的原则

原则	具体内容
岗位重要性	岗位的重要性决定了在该岗位上员工的贡献程度，重要性越大，贡献越高，所得的薪酬也越高，要想激励这类员工，就必须将此类岗位的薪酬水平设置得高一点

续上表

原则	具体内容
岗位稀缺性	稀缺性是企业岗位的另一个属性，稀缺意味着不可替代，所以该类岗位员工具有特殊的工作技能或是核心技术，对企业的发展起重要作用，所以应该设计较高的薪酬标准
岗位复杂度	工作的复杂程度决定了员工的劳动量，越是复杂的工作，员工越是费力费心，这些企业管理者也要考虑进去

除了以上 3 个要考虑的基本原则外，企业管理者还应该考虑到其他一些问题，才能设计出合理的薪酬激励制度。

完善薪酬体系。薪酬激励的前提是有一个良好的薪酬体系，包括对薪酬水平、薪酬结构等的设计。

做好岗位评价。通过岗位评价能够保证岗位薪酬的公平，如果岗位薪酬不合理，员工会有不满情绪，薪酬激励制度将无法推行。

激励方式多样化。虽然是薪酬激励制度，但是通过模板我们可以看到，很多公司对员工的激励不仅仅是薪酬方面，还涉及到其他需求，所以管理者应该丰富激励方式，对薪酬激励进行辅助。

6.2.3 一些上市公司的股权激励方式

股权激励是一种通过经营者获得公司股权形式给予企业经营者一定的经济权利，使他们能够以股东的身份参与企业决策、分享利润、承担风险，从而勤勉尽责地为公司的长期发展服务。

股权激励一般是公司中、高层领导人能够参与的激励方式，形式多种多样，常见的几种方式是业绩股票、股票期权和限制性股票。

（1）业绩股票

业绩股票是股权激励的一种典型模式，它是指公司用普通股作为长期激励性报酬支付给激励对象，股权的转移由激励对象是否达到了事先规定的业绩指标来决定。

业绩股票的操作方式一般是在年初确定较为合理的业绩目标和激励范围，如果激励对象在年末时达到目标，公司可以授予其一定数量的股票或提取一定的奖励基金购买公司股票。不过，股票的流通变现有时间和数量限制，一般可以在若干年内，通过业绩考核获得兑现业绩股票的资格。当然，如果业绩不达标，或是损害了公司利益，公司有权取消业绩股票。

业绩股票激励模式的优点和缺点都很明显，如表 6-7 所示。

表 6-7　业绩股票激励模式的优点和缺点

优缺点	具体内容
优点	1. 能够激励公司高层领导人员努力完成业绩目标。 2. 对员工有约束作用，一是业绩要求，二是保证员工在职率，三是防止商业机密外泄。 3. 业绩股票较为规范，符合国内现有法律法规，也符合国际惯例，操作也不复杂，经股东大会通过即可实行。 4. 激励效果明显，且每年实行一次，有持续效应
缺点	1. 业绩目标设计有难度，可能会出现公司高层领导人为获得业绩股票而弄虚作假。 2. 激励成本较高，可能造成公司支付现金的压力

业绩股票激励模式只对公司的业绩目标进行考核，并不要求公司的股价上涨，所以适合业绩稳定、现金流量充足的上市公司及其集团公司、子公司。

（2）股票期权

股票期权是一种不同于职工股的新型激励机制，它是指上市公司给予企业高级管理人员和技术骨干在一定期限内以一种事先约定的价格购买公司普通股的权利。

股票期权能有效地把企业高级人才与企业自身利益很好地结合起来。一般具有如下几个显著特征。

①股票期权与普通期权一样是一种权利，而不是义务，企业高级管理人员和技术骨干自我决定是否购买公司的股票。

②股票期权是公司无偿赠送给有贡献的员工的，激励对象在受聘期内按协议获得股票期权，所以其本身就意味着一种内在价值，即它的期权价。

③虽然股票期权和权利是公司无偿赠送的，但是员工虽然获得购买权利，但并不意味着免费获得股票，激励对象需要花钱购买股票。

（3）限制性股票

限制性股票指上市公司按照预先确定的条件授予激励对象一定数量的本公司股票，激励对象只有在工作年限或业绩目标符合股权激励计划规定条件时，才可出售限制性股票并从中获益。

国外流行的方案一般以实施激励公司的不同要求和背景，设定可售出股票市价规定、年限规定和业绩规定等。而国内通常会明确规定限制性股票应当设置禁售期限（规定具体的禁售年限，不过可以根据上市公司要求设定其他的符合出售的条件）。

6.2.4　奖罚激励法，一视同仁

奖罚激励法是指通过奖励或惩罚的方式，对员工的工作表现进行肯定或否定，肯定的行为就奖励，否定的行为就惩罚，这样可以从侧面激励员工好好工作。

奖罚激励方式是一种传统的激励方式，也是行之有效的方式，只要奖罚得当，就能起到激励的作用。而奖励的形式多种多样，一般分为物质奖励和精神奖励，或二者相结合。其中物质奖励常有奖金、住房、生活用品等；而精神奖励多为表彰、奖章、模范；对于一些业绩成果奖、晋升、晋级，则是物质与精神相结合的奖励。按情节的严重程度，惩罚形式也不同，常见的有通报批评、罚款、降级处理和辞退等。

【实用模板】奖罚制度模板

模板\第6章\公司奖罚制度.docx

公司奖罚制度

一、目的

为增强员工的主人翁意识，提高工作效率，维护正常的生产秩序和工作秩序，增强广大员工的纪律观念，做到鼓励先进，鞭策落后，奖惩分明，特制定本制度。

二、奖励对象

对有下列表现之一的员工，应给予奖励。

1. 服从分配，勤勤恳恳，任劳任怨，不计报酬，出满勤干满点，一贯坚守工作岗位，完成生产任务，成绩显著者。

2. 严格执行质量责任制和工作质量标准，不发生质量事故，完成本岗位质量指标，能得到用户和下道工序普遍认同，并为改进、提高生产质量和工作质量方面做出显著成绩者。

3. 在节约企业资源和能源方面，做出显著成绩。在保证质量的前提下，以修旧利废，节约费用成绩显著者。

4. 在生产部门、工艺设计与优化、产品设计、改善劳动条件等方面，有发明技术改进或提出合理化建议，经有关部门审定并通过实施，取得重大成果或显著成绩者。

5. 在改进企业经营管理、技能降耗等方面做出显著成绩，对企业贡献较大者。

6. 保护公共财产，使企业利益免受重大损失者。

7. 其他应给予奖励者。

三、惩罚对象

对于有下列行为之一的员工，应当分别给予批评教育，行政处分或经济处罚。

1. 无正当理由，不服从工作分配、调动和指挥，影响企业对外形象，或造成恶劣影响的，视情节轻重给予降职或辞退处理。

2. 在企业内无理取闹、聚众滋事，打架斗殴、打人骂人者，视情节轻重，除赔偿造成的损失外，并兑现责任价值-50元。

3. 玩忽职守，违章指挥，忽视安全规章制度者，视情节轻重，给予一次性罚款、辞退等处理。情节严重者送交司法机关处理。

4. 违章冒险操作，造成人身伤亡或使企业财产遭受损失者，视情节轻重，给予一次性罚款。

5. 违反消防和危险品管理规程，造成火灾或其他事故者，视情节轻重，给予一次性罚款、辞退等处理，情节严重者送交司法机关处理。

6. 发生食物中毒等其他责任事故者，视情节轻重给予罚款、辞退等处理。

7. 出现次品、损坏设备和工具者，按损失价值的5%～30%的罚款。

8. 浪费原材料（包括：因采购不当，购进物资不能用的；超计划多购进造成积压的；保管不当，发生霉烂变质的；丢失的），按损失价值的5%～30%进行罚款。

9. 由于工艺、设计、施工以及提供资料等发生错误造成千百万损失的，视情节轻重，给予一次性罚款。

10. 报出的一切计划、总结、报表等出现较严重的差错，造成不良影响者，一次性罚款10～50元，并视情况另行处理。

11. 浪费能源的长明灯（电器类），长流水，跑、冒、滴、漏等，每发现一次扣罚10～50元，造成煤、油浪费者，视情节轻重给予一次性罚款，给予必要的行政处分。

12. 滥用职权，违反法律，挥霍浪费企业资财，使企业在经济上遭受损失者，视情节轻重，给予罚款和处分。

13. 盗窃企业资财者，除全部赔偿，并按所盗物资的价值罚款3～10倍外，视情节轻重，再给予必要的行政处分。

14. 犯有其他严重错误者。

上述模板展示了某公司对员工的奖罚制度，通过对员工的行为进行分类，给予相应的奖励和惩罚，可有效地规范员工的行为。该制度主要包括3个部分：目的、奖励对象、惩罚对象，通过员工的不同表现来判定员工应该受到奖励还是惩罚，并且详细说明了奖励和惩罚的具体内容，如奖励奖金、辞退或处分等。

6.2.5 员工能力出众，当然该晋升

晋升激励就是通过将员工从低一级的职位提升到新的更高的职务，以此来激励员工积极工作。同时，晋升后员工将被赋予与新职务一致的责权，当然包括更高的工资。

【实用模板】晋升制度模板

模板\第6章\公司员工晋升制度.docx

公司员工晋升制度

为了提升员工职业素质和工作能力，调动员工主动性和积极性，在公司内部营造公平、公正、公开的竞争和激励氛围，规范公司的等级晋升和职务晋级等工作流程，特制定本制度。

一、适用范围

公司全体员工，在公司人力资源管理体制可控制下得以实施。

二、晋升内容

1. 等级和规范

（1）按工作内容和工作方式的不同，将所有员工分为管理、技术和其他（业务、执行等）三类，每类划分五个等级，一级最高，五级最低。

（2）每年安排两次晋升评定，分别为5月和11月，员工每年最多只能晋升一次，降级的员工必须超过6个月才能参与晋升。

（3）新员工试用期过后初定等级，一般员工初定五级，专业经验3年以上的可定四级，专业经验超过8年的特殊人才可初定三级，员工晋升时必须由低向高逐级晋升，任何人不能跨级晋升。

（4）工作类型介于两者或三者之间，可在两类中定级，但一年中只能晋升某一类的等级。

（5）每次晋升评定由综合管理中心人力资源部门组织实施，员工自主参加评定，每晋升一级对应薪资提高500元。

2. 晋升

在专业技能等级之外，根据工作需要，公司对相应人员进行岗位的调动以及员工薪资的调整。

（1）晋升类型

①职位晋升、薪资晋升。

②职位晋升、薪资不变。

③职位不变、薪资晋升。

（2）职位晋升需在公司内有空缺职位时，根据需要而进行的低级别岗位向高级别岗位的晋升。

（3）薪酬晋升包括新员工转正定薪和普通加薪两种。新员工试用期转正后即执行正式员工薪酬。员工加薪一般一年一次，加薪幅度在5%～15%，特殊情况下经公司研究决定。

（4）原则上，同一员工专业等级晋升和晋升不能同时进行。

三、晋升和降级条件

1. 等级晋升

员工必须同时满足以下条件，才能获得晋升资格：

（1）连续3个月绩效考核成绩达到95分。

（2）新员工入职超过6个月。

（3）面对面综合人事评估平均分达到80分。

综合人事评估由人力资源负责人、被评估人部门主管领导和公司领导组成评估小组，三方可由最高负责人参与测评，也可指派适合的人代替参评。被评估人准备好自评资料，陈述晋升需求、原因和依据，对评估人的疑问给予回答。

2. 职薪晋升

达到工作时限、工作经验和实践技能得到进一步提升，并获得部门领导肯定，是为符合晋升条件，进入审批程序，最终通过审批的员工获得晋升。

上述模板展示了某公司的员工晋升制度，主要从使用范围、晋升内容、晋升条件和晋升程序等方面进行了规定。

【实用模板】晋升审批模板

模板 \第6章\员工晋升审批表.docx

员工晋升审批表

<table>
<tr><td>姓名</td><td></td><td>年龄</td><td></td><td>入职时间</td><td></td></tr>
<tr><td>原部门</td><td colspan="2"></td><td>原职位</td><td colspan="2"></td></tr>
<tr><td>晋升部门</td><td colspan="2"></td><td>晋升职位</td><td colspan="2"></td></tr>
<tr><td colspan="6">个人总结与晋升申请（本人填写）</td></tr>
<tr><td colspan="6">一、现岗位及工作内容：</td></tr>
<tr><td colspan="6">二、申请晋升理由：
1.工作成绩
2.对晋升岗位的认识与工作规划
3.需要在晋升岗位上提升的内容
申请人：
日期：</td></tr>
<tr><td colspan="6">部门主管评价与意见：
部门主管：</td></tr>
<tr><td colspan="6">人力资源部意见：
签字：</td></tr>
<tr><td colspan="6">总经理意见：
签字：</td></tr>
<tr><td>原薪酬</td><td colspan="2"></td><td>晋升考核期</td><td colspan="2"></td></tr>
<tr><td>晋升考核期薪酬</td><td colspan="2"></td><td>晋升薪酬</td><td colspan="2"></td></tr>
<tr><td colspan="6">备注：
1.晋升通过即交接上岗，工资自审批日下月执行；
2.此表人力资源部备档管理。
审批时间：</td></tr>
</table>

上述模板是某公司员工晋升审批表，主要分为 4 个部分，第一部分为员工晋升基本资料，包括姓名、入职时间、所在岗位和晋升岗位等；

第二部分为员工晋升申请，由员工本人填写，主要围绕现岗位工作和晋升理由；第三部分为各相关部门领导填写的审批意见，主要包括部门主管、人力资源负责人和总经理的意见；第四部分是对员工薪酬调整的相关内容进行填写。

晋升制度、员工晋升申请表和晋升审批表，都是企业晋升机制中的一环，用于更规范地管理员工的晋升工作。让管理者和员工有参照的指标和晋升方法，同时作为看得见的激励手段，不断激励员工奋起工作，争取早日晋升。

6.3 知名企业的福利计划范例

很多企业为了让员工有归属感，安心在企业工作，会通过各种福利方案安顿员工、支持员工。而世界上的知名企业其福利计划也是各有千秋，在这种福利计划的辅助下，企业能够迅速积聚人才，扩大规模。下面我们一起来学习一下这些知名企业的福利计划方案，从中得到经验。

6.3.1 Google慷慨的员工福利计划

谷歌公司成立于1998年9月4日，由拉里·佩奇和谢尔盖·布林共同创建，被公认为全球最大的搜索引擎公司。其业务包括互联网搜索、云计算和广告技术等。

1999年下半年，谷歌网站“Google”正式启用。2015年，重回“世界品牌 500 强”排行中的榜首。2017 年 12 月 13 日，谷歌正式宣布谷歌 AI 中国中心（Google AI China Center）在北京成立。

谷歌公司的员工福利在世界范围内都是出奇的好，即使不是商业界的人才也有所耳闻。具体体现在哪些方面呢？下面来看看谷歌公司在招聘员工时的福利宣传方案。

我们希望 Google 员工在工作和生活中都能健康快乐。我们的待遇和福利因区域而异，但秉承相同的理念：关爱我们的员工就是关爱我们所有人。我们知道每个人都是独一无二的，因此我们提供的待遇和福利也会经常根据员工的需求和反馈而不断变化和调整。

支持您爱的人

您的家庭对您至关重要，对我们来说也是如此。我们的很多福利计划和内部便利设施都是为了让您和您爱的人快乐度过人生的不同阶段。我们的产假政策、退休储蓄计划和死亡抚恤金等都非常慷慨、宽松。在某些办事处，您甚至可以带上自己的宠物狗去上班。

享受健康生活

所有 Google 员工都可以享受出色的医疗保健服务。在有的办事处，我们还会提供内部健康和医疗保健服务（包括医师服务、脊椎按摩服务、理疗和按摩服务）。此外，很多办事处均配备了内部健身中心并提供相关课程，既能帮您节省时间，还能让您保持健康活力。此外，各式各样的园区咖啡厅和微型厨房还可提供营养丰富的膳食和小吃，让您一整天都保持健康活力。

回馈

我们很重视对社区的回馈，就像我们重视自己开发的产品一样。对于慈善捐赠，Google 员工捐赠多少，我们就捐赠多少。另外，我们还会根据 Google 员工作为志愿者的工作时间增加捐赠。

享受美好时光

我们都需要从工作中抽身，去充电、旅行、处理个人事务或与家人和朋友共度美好时光。您可以选择去度假、做志愿者或灵活安排工作时间，从而协调好个人需求和公司需求，让自己达到最好的状态，因为我们知道，可以帮助员工保持最佳状态的万能方法并不存在。

助您保持财务健康

我们提供了诸多资源（例如颇受好评的退休储蓄匹配计划、财务顾问和规划服务等）来帮助您保持良好的财务状况。

投资于您

终身学习已经融入 Google 的血液中，这也是我们为员工提供大量机会的原因，希望借此让他们的个人生活更精彩，并推动他们的职业发展。无论是您一直想学的公司内部编码课程、烹饪课程，还是一直有意的学位攻读计划、吉他课程，只要是您喜欢的，我们都大力支持。

看到上例中的福利，你是不是已经心动了呢？这么好的福利员工没有理由拒绝。可以看出谷歌公司的福利主要从 6 个方面入手，分别是员工家属、医疗保健服务、回馈、生活服务、财务管理帮助和深造机会。

其实，这几个方面是很多企业都会考虑到的，也是员工非常关心的几大方面，那谷歌的福利有什么不同呢？只有谷歌真正做到了以员工需求为主，并不断改进，让员工在公司各处都能感受到企业的用心。如宠物狗的陪伴、按摩服务、园区咖啡厅和微型厨房和吉他课程等，真正做到细节处才能成功发挥福利计划的作用，让员工死心塌地的留在公司，为公司服务。

6.3.2　礼来公司铁打的福利体系

美国礼来公司（Eli Lilly and Company）是一家全球性的、以研发为基础的医药公司，总部位于美国印地安那州印第安纳波利斯市，致力于为全人类提供以药物为基础的创新医疗保健方案。

礼来的所有行为均须遵守三大核心价值观的指导，如下所示。

- **诚信至上**：以最高的道德标准开展业务，在全球各地遵纪守法。
- **追求卓越** 不断地追求创新，提供高质量的产品，取得最佳业绩。
- **以人为本**：尊重每一个人，尊重全世界所有与礼来公司有关的个人和群体，包括客户、员工、股东、合作伙伴、供应厂商和社区等。

礼来公司的福利也是从实际出发，为员工解决他们的实际需要，从而让员工真心实意地贡献自己的价值。

礼来 141 年的公司历史中，我们依赖每一位员工的勤奋和智慧不断进取创新。礼来吸引和招募优秀人才，并为员工提供长期职业发展平台和有竞争力的整体薪酬回报。

在礼来，70% 的管理人员都来自于内部提拔。

在礼来，我们致力于为每位员工提供全面的职业发展支持，助你成为令人艳羡的业界精英。

在礼来，您与我们签订的是无固定期限合同，企业充分肯定和尊重员工的选择。

在礼来，每年都会制订年度薪酬福利周期表，对员工本年度的工作情况的最终绩效结果进行评估，确定员工的工资涨幅额度。

在礼来，员工的社保和住房公积金都由企业负担，员工无需为此支付任何费用。员工生病住院所花的费用，公司是 100% 报销的。

在礼来，员工可以选择工资总额的1%～10%自愿储存到礼来中国公积金中，公司会按照相同的比例存储相同数额的资金。员工可用这笔钱支付房屋首付，或是支付每月的房贷。

在礼来，为一线员工提供了丰厚的业绩达成奖，对于突出的表现给予高额奖金。还特别设立了行为评定奖，来鼓励员工学习并不断完善专业技能。

礼来的福利让工作多年的员工倍觉满意，刘某就是礼来区域市场部高级经理，在礼来已经工作了6年，获得了4次晋升。礼来为员工提供了培训机制，全力支持员工实现自己的梦想。

礼来的福利虽然不是最细致的，但却是最实用的。其中最重要的几项就是社保、医保和公积金，这几项福利做到极致，能让员工深切感受到企业对员工的关心。

6.3.3 苏州工业园独特的社会公积金计划

苏州工业园区隶属江苏省苏州市，位于苏州市城东，1994年2月经国务院批准设立，同年5月实施启动，行政区划面积278平方公里。其中，中新合作区80平方公里，是中国和新加坡两国政府间的重要合作项目，苏州工业园区率先开展开放创新综合试验，成为全国首个开展开放创新综合试验的区域。

苏州工业园区不同于苏州市区、新区乃至全国其他地区，其社保、医保等有着自己独特的体系，这套体系是从新加坡引进的，被称为园区公积金。

下面一起来看看苏州园区公积金制度的重点内容。

……

第三章 公积金的缴纳

第十四条 单位分立、合并、撤销、破产时，其所欠交的公积金，应当视同欠付员工工资、劳动保险费，予以优先清偿。

第十五条 管理中心在办理登记手续时，为员工设立公积金个人账户，员工的公积金账户终身不变。

第十六条 员工的公积金账户分设普通、医疗、养老三个专户，管理中心每 6 个月向员工提供一份清单。

第十七条 单位和员工根据缴费基数分别按 25% 的缴费比例，按月缴纳公积金，员工缴纳的部分由单位代扣。

第十八条 单位应当于发薪之日起 1 周内向管理中心缴纳公积金，不得逾期缴纳、不缴或者少缴。

第十九条 单位和个人缴纳公积金的缴费基数上限，根据园区工资协调理事会提出的工资水平指导意见，由管理中心每年公布一次。

第二十条 公积金缴纳比例基本保持不变；作适当调整时，由园区社会事业局提出，征求园区公积金理事会的意见，报管委会批准。

第二十一条 本办法实施前，已进入园区规划区域的单位，应当自员工起薪之月起，按员工原工资总额，由单位和个人缴纳相应数额的基金，并按本办法换算成相应的比例，计入员工各公积金专户。

第二十二条 公积金的 5% 纳入社会统筹金，其余部分全部纳入员工个人账户。

在个人账户中：

（一）公积金的 4% 保留在养老专户中。

（二）员工在 35 周岁以下（包括 35 周岁），公积金的 8% 保留在医疗专户中；在 35 周岁到 45 周岁（包括 45 周岁）之间，公积金的

12%保留在医疗专户中；超过45周岁，公积金的16%保留在医疗专户中。

（三）其余部分保留在普通专户中。

第二十三条 管理中心对公积金个人账户存款额每年结息一次。

第二十四条 公积金个人账户存款的利率，按不低于居民1年期银行定期储蓄存款利率，并参照国家规定的“社会保险储蓄利率”作适当的调整。

第四章 公积金的使用和管理

第二十五条 公积金的来源

（一）单位和员工缴纳的公积金。

（二）公积金的利息收入。

（三）依照本办法规定收取的滞纳金。

（四）单位和个人的捐款等。

第二十六条 公积金必须专款专用，任何单位和个人不得挪用。

第二十七条 企业除缴纳员工公积金外，还必须负担员工因工伤、职业病造成伤害的医疗费用和赔偿。

第二十八条 员工养老专户的存款额，在未退休时，不能挪用，在退休时须保留一笔最低存款，以保证员工退休后能按月领取基本生活开支，不足最低存款部分，由其普通专户或用本人现金和采取其他方式补足，用现金和其他方式补足公积金最低存款的金额，不列入计征个人所得税的基数。超过最低存款额的公积金部分，员工退休时可一次性提取。

第二十九条 员工医疗专户的存款额，由管理中心统一扣除规定的比例，参加园区员工大病医疗保险，具体办法另行制定。

第三十条 员工门诊看病支出，在规定可动用医疗专户存款的金额内，员工用现金支付相应的比例，细则另定；超过规定使用额部分，全部由员工用现金支付。

第三十一条 员工退休时，医疗专户须保留一笔最低存款，以保证退休后能支付基本医疗开支。

第三十二条 员工养老专户、医疗专户在退休时须保留的最低存款，每年调整一次，由管理中心提出，征求公积金理事会的意见，报管委会批准。

第三十三条 员工缴纳公积金 3 年后，其普通专户的存款，由个人申请，经管理中心批准，可允许其用于购买园区经济适用住房，具体办法另行制定。

第三十四条 员工符合下列条件之一者，可一次性提取公积金：

（一）达到国家规定退休年龄的退休者，在医疗、养老专户内留足最低存款的。

（二）国家规定退休年龄以下，精神不健全或者身患绝症的。

（三）出国定居并保证不以中方员工的身份再次进入园区工作的。

……

上述制度明确阐述了公积金的缴纳、使用和管理，公积金的提取和使用必须满足一定条件，如员工购买非园区住宅商品房，一般可以提取其普通专户上的累计存款支付购房款，但不得动用其普通专户存款摊还购房贷款。

园区公积金制度是借鉴新加坡经验的重要成果之一，是一项包括养老、医疗、失业、生育、工伤、住房保障等在内的综合性的社会保障制度。在精心设置的公积金管理中，普通账户占的比例最高，其最大的用途就是为区内员工购买经济住房所用。

6.3.4 马狮公司：以人为本

马狮百货集团（Marks & Spencer）是英国最大且盈利能力最高的跨国零售集团，马狮百货在世界各地有200多家连锁店，“圣米高”牌子货品在30多个国家出售，出口货品数量在英国零售商中居首位。该公司的管理原则是“以人为本”，所以在设计福利的时候，始终关注员工的实际情况。

马狮零售公司坚持的一条原则是：对人的照顾和关心。所以马狮设有工会，更强调对人际关系的管理，希望满足员工的需求，从而在公司内部形成良好的工作氛围、条件和人际关系。

公司认为“福利”首先应关心个人的需要和健康，除了福利以外，公司更要给予员工关注度，让员工感受到真挚的关心。所以，福利仅仅是关心员工的方式。马狮公司于1934年就成立了福利委员会，福利委员会每周开一次会，从未间断过。

会议的主要内容包括8项基本福利，在每周的福利会议上都会讨论，一般涉及员工本身和家属，如贷款、补贴、休假、法律咨询和医务咨询等。

如今很多公司都是以福利待遇来留住员工，而马狮公司就是从员工本身出发，关注员工所需所求，并且成立福利委员会，不断改进福利措施。

第7章

07

执行力管理：能力不是一夕炼成的

执行力是一个人工作态度和个人能力的体现，为了提高工作效率，管理者就要想方设法提高员工的执行力，不过这不是一朝一夕的事。管理者在进行执行力管理的同时，还要不断提高自己的管理能力，以便帮助员工提高个人能力，改善工作态度。

|7.1|
掌握这几招，改善执行力

执行力就是在既定战略和愿景的前提下，组织对内外部可利用的资源进行综合协调，制定出具有可行性的战略，并通过有效的执行措施，最终实现组织目标、达成组织愿景的一种力量。

企业发展靠的是团队的贡献，而不仅是个人奋斗，所以团队的执行力对企业运作有着相当重要的影响。只有工作执行到位，企业才能在市场竞争中获得胜利。

7.1.1 四大因素影响你的团队执行力

企业能够不断发展在于各项工作的有序执行，管理者的能力不同，公司的制度不同，执行力也各有差异。那么影响执行力差异的因素有哪些呢？主要有以下四大因素，只有控制这4个关键点才能提高企业的执行力。

◆ 执行对象

执行对象简单的说就是公司的员工，所有的工作都是公司的员工来完成的。想要执行到位，管理者就要足够了解员工，为员工安排适合的工作，否则员工不愿做、不能做，就是浪费时间和人力。

而员工的执行能力主要表现在两个方面，一是工作的意愿，二是工作的能力。管理者针对这两方面，可从心理建设和员工技能培训入手，提高员工的执行力。

◆ 服从意识

员工在企业工作，首先要有服从意识，如果自说自话、一盘散沙，任何工作都不可能完成。可以说服从安排是执行的第一步，如果第一步出了问题，后续的工作也不用做了。比如部门经理安排行政人员今天之内整理好员工档案，该名员工却去清点办公用品或是用了两天才整理好员工档案。

◆ 管理能力

怎样才能让员工安心工作，完成领导交办的任务呢？通过有效的管理手段就可以做到，简单来说就是员工做得好就奖励，员工做得差就惩罚。

当然，科学一点的说法就是通过一系列管理制度来规范员工的行为，常见能够提高执行力的管理方法有目标管理、激励管理。

◆ 企业文化

虽然企业文化看起来空泛，却对员工有很大的影响。只有员工认同企业的价值观和文化，才会自觉自愿的工作。一个具有高效执行力的团队，必须是员工能够自发去执行工作。

有经验的管理者会将高效的执行力当作企业的价值文化之一，有了这样的文化，才会有相应的团队和员工。

7.1.2　中层管理者的执行力培训

企业中很多中层管理者多是因为经验丰富、业绩优异被提拔，成为更高一层的管理者，但是其本身的管理能力和执行力都有待提高。

而中层管理者有着承上启下的作用，连接着普通员工和高层领导者。如果中层领导者的管理能力和执行力都不过关，容易造成员工和领导之间的摩擦。

所以很多中层管理者都希望尽快提升自己的执行力。而影响中层管理者执行力的因素有两个：一是自我能力，二是企业条件。

（1）自我能力

中层管理者的自我能力主要指理解能力和组织实施能力，从这两方面入手可不断提升执行力。如表 7–1 所示的是提升自我能力的方式。

表 7–1　提升自我能力的方式

方式	具体内容
理解上级意图	中层管理者要传播上级的意图和公司的业绩目标时，首先自己要全面了解，才能正确地传达给下级员工，为下级员工安排工作。否则会出现标准降低或提升的情况，造成员工与企业的目标错位
做好表率	中层领导者也是领导层，所以光说不做是不行的，为员工做好表率是其基本工作，只有中层领导者说一不二，员工才会上行下效，形成一个有执行力的团队
懂得合作	中层领导者和普通员工相比，其与其他部门打交道的时候更多，所以更应该明白合作的重要性，各部门之间的协调工作，互相支持，不推脱自己的职责才能提高自身的执行力
一视同仁	作为一个领导者，处理事情公平公正是首要原则，因为公平公正是员工全力工作的动力之一。如果领导者处事不公，其在员工间的领导力将大打折扣，而且员工心中会有不满，久而久之，会消极负面地对待工作
懂得激励	激励员工可以说是领导必备的能力了，通过正面鼓励、奖励员工可以提高员工的积极性和对领导的认同，这样员工的工作效率也会提升

（2）企业条件

个人的执行力还会受周围环境的影响而发生变化，如果你所在的公司是一家制度完善、工作高效的公司，那么自然你的执行力也会不断提升。

当然，最能够帮助和影响中层领导者的企业条件就是管理制度，包括考核制度、惩罚制度。

在有完善制度的前提下，中层领导者的执行力来自于检查方式。如果领导布置了一项工作，但事后从未想过要检查，或是匆匆查阅一遍后就结束了，员工也不会有多么重视这项工作。

所以，领导者在安排工作时，首先要交代清楚工作事项，其次是工作人员、完成工作的时间、检查的标准、奖励和惩罚的标准以及奖惩的内容。有了检查工作，领导的执行力也从侧面得到了保障。

7.1.3　了解授权的内容和要点

授权是组织运作的关键，是领导者通过为下属提供更多的自主权，以达到组织目标的过程。授权是企业管理者的重要任务之一，有效地授权也是一项重要的管理技巧。

管理者在授权之前，首先要了解授权的内容，才能有条理、按步骤将权力授予下属。授权主要包括以下两个方面的内容。

- **分配工作：**即管理者将可以安排给下属的工作分配下去，让下属完成。
- **授予权力：**即领导者将完成某项工作所需的权力授予下属，以方便下属完成工作，不过授予的权力有时间期限，一般在工作结束后，相应的授权也结束了。

授权有 4 个特征需要管理者了解，如图 7-1 所示。

授权的本质就是上级对下级的决策权力的下放过程，也是职责的再分配过程。

授权的发生要确保授权者与被授权者之间信息和知识共享的畅通，确保职权的对等，确保授权者得到必要的技术培训。

授权是一种文化。

授权是动态变化的。

图 7-1　授权的特征

管理者只有在了解了授权的本质后才能做好授权管理，授权只是暂时地将部分权力下放而已。那么，如何进行有效的授权呢？管理者要掌握好尺度和方法，下面一起来看看。

表达清楚。管理者安排工作的时候，一定要交代清楚工作内容、工作完成时间和工作人员，甚至不惜再三强调。有经验的管理者可能还会建立小组反馈机制，员工可以时时反馈意见。

不能越级授权。授权的范围只在直接上级和下级之间，不能越级授权，否则会导致权力错位，引起混乱，还会造成与中间领导层的矛盾，影响内部团结。

明确职责。授权并不意味着将责任全部推脱给下属，作为管理者一定要明确自己和员工的责任，不能给员工压力。如果让员工承担全部的压力，反而导致员工不能够完成工作任务。

授权与鼓励并行。管理者授权给员工一定是对其能力有所肯定，而员工在完成一项重要的工作时，往往需要有人鼓励。这时领导者的作用非常大，给员工带来信心的同时还展示了自己的领导能力。

灵活多变。授权是暂时的，是根据具体工作而随机决定的。所以管理者在授权时也要灵活多变，根据工作的条件、资源和重要性，对授权的范围、期限和员工能力做不同的规定。

帮助不能少。虽然授权是让员工自己解决问题，但管理者要时时关注员工的工作状况，尤其是第一次授权给员工的时候，要为员工提供应有的帮助，包括人力资源、设备等。

7.1.4　建立科学的授权管理机制

管理者了解授权的内容、特征和方法对于有效授权有很大的帮助，但是要想使员工和管理者习惯授权工作，有效利用授权更好地完成工作，还需要建立科学的授权管理机制。

授权管理工作主要分为两类：一是培训工作，二是监督工作。

首先，对员工的工作能力进行培训，对看重的员工给予锻炼的机会，慢慢提高其综合素质，当员工有明显进步时，可以适当增加其工作任务或是让他去完成一项有难度的工作。这种培训工作必不可少，是授权的基础。

其次，在授权后，对员工的监督管理是不能少的，一来管理者要掌握工作进度、发现问题，二来可以防止不可控制的事故发生。如何做好监督管理，可从关注工作进度、明确权力与重新设计事故防范措施这几方面着手。

◆ 关注工作进度

管理者应该时时关注授权的工作的进度，事先规划好工作计划，根据进度表检查员工完成的情况，或听取员工报告。如果员工当下有解决不了的问题，管理者应及时帮助员工。

【实用模板】工作进度管理模板

模板\第7章\工作进度管理表.docx

工作进度管理表

负责人：　　　　　　　　　　　　记录时间：

序号	工作项目	开始日期	目标完成日期	进度说明	实际完成日期
1					
2					
3					
4					
5					
6					
7					
8					

上述模板是对工作项目的一种统计，以项目进度为主体，通过目标完成日期和实际完成日期的对比，了解员工工作的开展情况。

【实用模板】工作计划管理模板

模板\第7章\工作进度计划表.docx

工作进度计划表

部门：　　　　　　月　日——　月　日

日期	星期一	星期二	星期三	星期四	星期五
预计工作项目					
追加工作项目					
备注					

该模板主要以时间为单位，通过对周一到周五内工作的进展，了解工作是否按计划进行，需不需要有所调整。

管理者除了听取员工的汇报，还可以通过实地考察（如生产线等），或对项目结果进行抽样检查（如成品、销售量、签单量等）来检查员工的工作。

◆ 明确权力

管理者要知道，授权是将部分的权力下放给员工，所以一定要界定授权的范围，如资金的支配额度、可以管理的人员数量、可以使用的设备、能够查阅哪些资料等，以防员工越权或独自承担工作任务，导致工作不能按时完成。

◆ 重新设计事故防范措施

一般来说公司内部都会有事故防范措施，以防止工作中出现的各种安全事故及不受控事故。不过对于具体的工作项目，管理者应该针对单独的项目设计事故防范措施，以免授权后发生意外，无法及时处理，影响工作进度。如下所示是某建筑公司的安全事故防范措施。

安全事故防范措施

1. 现场布置

（1）设置安全标志，在本工程现场周围配备、架立安全标志牌。

（2）施工现场的布置应符合防火、防爆、防洪、防雷电等安全规定和文明施工的要求，施工现场的生产、生活办公用房、仓库、材料堆放场、停车场、生产车间等应按批准的总平面布置图进行布置。

（3）现场道路应平整、坚实、保持畅通；现场道路一侧或两侧遇有河沟、排水沟、深坑等情况时，应有防止行人、车辆等附落的安全设施。

（4）现场的生产、生活区均要设足够的消防水源和消防设施网点，消防器材应有专人管理，不得乱拿乱动，所有施工人员要熟悉并掌握消防设备的性能和使用方法。

（5）各类房屋、库棚、料场等的消防安全距离应符合国家或公安部门的规定，室内外不得堆放易燃品；严禁在木工加工场、料库、油库等处吸烟；现场的易燃杂物应随时清除，严禁在有火种的场所或其近旁堆入。

（6）氧气瓶不得沾染油脂，乙炔发生器必须有防止回火的安全装置，氧气瓶与乙炔发生器要隔离存放。

2. 施工措施

（1）加强对施工人员的法制教育，杜绝一切非法活动。

（2）工地适当位置处设标牌，出示工程施工现场总平面图，标明工程名称、施工单位、工期。

（3）现场施工应注意使工作面尽量平整，各种料具堆放整齐，工程完成后应对现场进行清理，做到工完料尽场地清。施工过程产生的废弃物应按照监理工程师的指示集中堆放或及时清运。

（4）施工期间的粉尘主要来自施工车辆行驶引起的扬尘。施工场地和便道每天洒水数次，保持其表面湿润，避免扬尘。

（5）施工产生的噪声具有不规则、不延续、高强度的特点，施工现场除车辆产生噪声外，还有施工机械产生的噪声，难以避免。在靠近居民区的施工点，若非工程必须连续进行，夜间 22:00 时以后停止施工。

（6）控制好钻孔桩的泥浆排放，杜绝泥浆流淌出泥浆池。沉淀后的泥浆可以循环使用，沉渣运至监理工程师指定地点堆放。泥浆池在使用期间要进行必要的防护围挡，标志明确、醒目，并配备足够的照明设施，以方便夜间施工。

7.1.5　管理者在授权时应该注意的问题

在进行授权时，有一些行为是管理者要注意避免的，以免影响授权的实际作用。

◆ 不委以重任

管理者对下属的授权一定要针对重要的工作任务，不要一些小事让员工跑腿，真正锻炼员工的机会来了，管理者反而不放权了。长此以往，员工的积极性会不断被打击，想着反正只是做些简单的工作，从而产生消极怠工的情绪。

◆ 授权范围不清

最差的领导者是怎么授权的呢？看下面一段对话。

“小张，我有要事，现在要出门会见客户，这份工作交给你处理了，一定要按时完成！”

“李总，这个是我单独完成吗？”

“如果你完不成，可以找人帮你嘛！”

“但是其他同事都有工作，而且我必须今天完成吗？”

“当然，这份工作很重要，必须今天完成！”

“那我原本的工作怎么办呢？”

“哎呀！你怎么那么多问题啊！你看着办吧！”

上述案例在职场中非常常见，很多管理者因为工作繁杂所以经常临时留下一份工作给员工，让员工完成。这是最糟糕的授权方式，没有工作标准、进度时间、辅助人员和条件，员工两眼一黑，只会手足无措，什么也做不了。

◆ 授权不谨慎

授权切忌反复，不能出现授权后又收回，或是改变授权对象的情况。所以管理者在授权时一定要深思熟虑，不能因为自己的疏忽，让员工觉得自己的能力不行或影响公司项目进度。

◆ 害怕担责

管理者出于公司角度考虑，可能害怕员工处理项目失败，造成损失，那么自己也要担责，所以在授权时总是瞻前顾后。其实这就需要管理者对安排的项目和人员有一个具体的了解，才能做到人尽其才。

所以授权成功与否，也与管理者的个人能力有关，优秀的管理者知道怎样让合适的员工做合适的工作。

◆ 不授予实权

很多管理者不想让手中的管理权流出，所以授权时只安排具体工作，并不赋予员工相应的权力，让员工变成跑腿的。久而久之，员工会觉得自己不受重用，离开岗位。部门的员工流动率大，对部门的生产经营也有很大的影响，得不偿失。

◆ 质疑下属

第一次授权给员工，管理者难免会有不放心的地方，不过正所谓“用人不疑，疑人不用”，管理者只需要按进度表检查员工的工作，其他的可放手让员工去操作。这样员工才会觉得被信任，才会积极发挥自己的才干。

◆ 亲力亲为

很多管理者总是喜欢亲力亲为，让员工没有锻炼的机会，自己也做了多余的事情。而作为一个合格的管理者，应该尽可能发挥自己的管理能力，安排员工做适当的工作并授权。

7.1.6　怎样化解团队中的冲突

公司的管理者最想要的就是公司上下团结一心、和谐共处、相互帮助，只有这样才能创造更大的价值。所以，对于团队中的冲突，管理者不仅要尽量避免，还要有化解的办法。

◆ 制定规范

一个团队中的员工性格不一、能力不一，很容易发生摩擦，所以要有相应的制度来规范员工的行为。若有过分的冲突出现，则对参与人员进行惩罚，以维护公司的和谐氛围。如下所示是某公司的员工冲突行为准则。

为确保全体员工拥有一个和谐友爱、和平正气的工作环境，公司要求员工必须具备基本的品德修养和行为自律，对于在工作场所起冲突，甚至进行打架的恶劣行为，公司一律从严管理，并规定如下。

1. 只要是工作时间，在工作场所起冲突，起冲突的双方，不问对错，同时承担后果，情节恶劣或造成严重后果者，处罚完毕后公司予以辞退处理。

2. 不问原因，参与冲突人员处罚如下：

（1）吵架，没有动手，所有参与冲突的人员罚款 200 元，进行乐捐。

（2）打架，只要动手，包括推搡，所有参与冲突的人员罚款 500 元，进行乐捐。

3. 查明原因，找出冲突主要责任人后，引起吵架的主要责任人再次乐捐 200 元；引起打架的主要责任人再次乐捐 500 元。

4. 打架斗殴导致他人受伤害，无论何种理由，肇事员工都必须无条件承担对方所有医疗、误工等费用；在动手一方已经赔偿误工费、医疗费的情况下，动手方当月工资正常发放。情节恶劣或造成严重后果者，在承担公司全部损失及受害者全部医疗费的同时，由公司送交公安机关处理。

5. 公司管理人员（组长及中层以上干部）参与打架斗殴、打员工，无论是否先动手，一律罚款 1000 元，并立即开除。

6. 如有员工叫外部人员到公司聚闹、敲诈、欺负、报复本公司员工等行为，公司一律报案处理，并组织全公司人员正当防卫自卫，一切后果由该当事人承担。

7. 公司员工提供对打架斗殴事件原因调查、责任划定有帮助的线索、证据、证词，公司视情况一次性奖励 100 ~ 1000 元。

8. 因冲突离开工作场所，当天作旷工处理（旷工一天扣除三天底薪），并扣发当天所有计件工资。

9. 本制度自颁布之日起执行。

◆ 员工搭配有讲究

企业管理者创建小组团队时一定要考虑员工各自的特性，尤其是性格和能力两方面，一般来说要互补，即性格沉稳的和性格冲动的搭配在一起，动手能力强的和规划能力强的搭配在一起。

◆ 统一团队价值观

团队价值观可以有效地激励员工协同工作，大家会在统一的价值观下朝着共同的目标努力，有了团队凝聚力，就不容易产生冲突了，而且还能一致对外，增加团队的竞争力。

◆ 定期沟通

为了减少团队之间的冲突和摩擦，定期沟通很有必要。沟通方式不需要太正式，在日常的生活中通过团体活动、会前讨论等加深彼此的了解，从源头解决团队冲突。

|7.2|
大型企业的案例有看头

如何提升团队的执行力，普通的企业管理者由于缺乏经验，可能要在经验中总结办法，所以难以找到一个行之有效的方法管理团队。好在有不少名企为我们提供参考借鉴的方法，其优秀的管理经验能让管理者学习到很多有价值的管理技能。

7.2.1　看本田公司如何“鲶鱼效应”

本田指的是本田株式会社（本田技研工业株式会社），是世界上最大的摩托车生产厂家，汽车产量和规模也名列世界十大汽车厂家之列。

1946 年 10 月创立，1948 年 9 月成立公司，创始人是传奇式人物本田宗一郎。公司总部在东京，雇员总数达 18 万人。现在，本田公司已是一个跨国汽车、摩托车生产销售集团。

本田公司在执行力管理上有一套世界闻名的理念，即“鲶鱼效应”，下面一起来了解一下。

在一次企业考察中，本田先生发现欧美许多企业的人员基本上由 3 种类型组成：一是不可缺少的干才，约占两成；二是以公司为家的勤劳人才，约占六成；三是终日东游西荡，拖企业后腿的庸才，约占两成。而自己公司的人员中，缺乏进取心和敬业精神的人员也许还要多些。

如何使前两种人增多，使其更具有敬业精神，而使第三种人减少呢？本田先生一直在思考这个问题，如果对第三种类型的人员实行完全淘汰，一方面会受到工会方面的压力；另一方面又会使企业蒙受损失。其实，这些人也能完成工作，只是与公司的要求与发展相距远一些，如果全部淘汰，这显然是行不通的。

后来，本田先生受到鲶鱼故事的启发，决定进行人事方面的改革。他首先从销售部入手，因为销售部经理的观念离公司的精神相距太远，而且他的守旧思想已经严重影响了他的下属。必须找一条“鲶鱼”来，尽早打破销售部只会维持现状的沉闷气氛，否则公司的发展将会受到严重影响。

经过周密的计划和努力，本田先生终于把松和公司销售部副经理、年仅35岁的武太郎挖了过来。武太郎接任本田公司销售部经理后，凭着自己丰富的市场营销经验和过人的学识，以及惊人的毅力和工作热情，受到了销售部全体员工的好评，员工的工作热情被极大地调动起来，活力大为增强。公司的销售出现了转机，月销售额直线上升，公司在欧美市场的知名度不断提高。本田先生对武太郎上任以来的工作非常满意，这不仅在于他的工作表现，而是因为销售部作为企业的龙头部门，带动了其他部门经理人员的工作热情和活力。本田深为自己有效地利用了“鲶鱼效应”而得意。

从此，本田公司每年重点从外部“中途聘用”一些精干的、思维敏捷的、30岁左右的生力军，有时甚至聘请常务董事一级的“大鲶鱼”。这样一来，公司上下的“沙丁鱼”都有了触电式的感觉，业绩不断提高。

鲶鱼效应是指鲶鱼在搅动小鱼生存环境的同时，也激活了小鱼的求生能力。通过对这种现象的思考，将其运用到企业管理中，能够刺激企业内那些缺乏进取心和敬业精神的人员投入到工作中，使部门甚至公司上下都充满活力。

鲶鱼效应实质是一种负激励，不过对激活员工队伍，提升团队执行力有很好的效果。尤其对于企业中长期无所作为或者无力承担新任务的管理者，鲶鱼性人才能彻底改善这种情况。

7.2.2　3M 公司的战略管理

3M 公司全称 Minnesota Mining and Manufacturing（明尼苏达矿务及制造业公司），于 1902 年成立，总部设在美国明尼苏达州的圣保罗市，是世界著名的产品多元化跨国企业。

3M 公司素以勇于创新、产品繁多著称于世，生产数以万计的创新产品，在医疗产品、高速公路安全、办公文教产品、光学产品等核心市场占据领导地位。2018 年 7 月 19 日，《财富》世界 500 强排行榜发布，3M 公司位列 376 位。2018 年 12 月，3M 入围 2018 世界品牌 500 强。

中国的 3M 公司的战略管理是一种对创新的管理，通过创造一个有助于创新的内部环境，不断创造出新的产品，为企业带来活力。

3M 公司通常要投资约 7% 的年销售额用于产品研究和开发，更重要的是建立有利于创新的企业文化，创新的观念从员工进入 3M 的第一天就得以领教，所有新加盟 3M 的员工，在头两个月内必须全面接受公司文化培训——创新理念是培训的核心。总经理来讲述 3M 创新的理念，成功的主管讲自己因创新成功的经历。各个主题传达的精神是一致的：坚持不懈、耐心、事必躬亲的管理风格、合作小组、发挥好主意的威力等。

如果某位员工有创新的想法，在一定的时候，3M 公司会组织一个由该构思的开发者以及来自生产、销售、营销和法律部门的志愿者组成的风险小组。小组成员始终和产品呆在一起，直到它成功或失败，然后回到各自原先的岗位上。

为了支持创新，每一个有新主意的员工，可以在公司任何一个分部求助资金，新产品研发出来了，不仅能加薪金，还能晋升。一个员工在开始创新时可能只是一名基础的工程师，但当他创造的产品进入市场后，他就变成了一位产品工程师，当产品销售额达到100万美元时，他的职称、薪金都变了，当销售额达到2000万美元时，他已成了“产品系列工程经理”。在达到5000万美元时，就会成立一个独立产品部门，他也成了部门的开发经理了。

“成为世界上最具有创新力的公司”是任何一个3M员工时刻都可以听到的谈论3M创新的宣言。3M对创新战略的管理，通过实施“逆向战略计划法”来保证创新能有效的为公司增长服务。3M先从一个核心技术的分支开始，然后再为这种技术寻找可以应用的市场，从而开创出一种新的产业。

3M的战略管理是围绕创新来施展的，通过创新带动企业活力，提升员工的执行力，管理者主要通过“15%原则+逆向战略法”来支持员工创新。

另外，为了配合逆向战略计划法，3M实施了3个管理策略。

第一个是“弹性目标”，通过制定更有追求但有实现价值的目标，来创造新产品。在3M公司，每年销售额中至少应该有30%来自于过去4年中所发明的产品。

第二个是“视而不见原则”，3M公司管理人员的其中一项管理能力就是容忍，接受员工不切实际的研究计划，不轻易拒绝。

第三个是“授权原则”，在员工进行研发时，管理者充分支持并给予帮助。

7.2.3　从 IBM 的企业文化看管理

IBM（国际商业机器公司）或万国商业机器公司，简称 IBM（International Business Machines Corporation）。总公司在纽约州阿蒙克市，1911 年托马斯·沃森创立于美国，是全球最大的信息技术和业务解决方案公司，全球拥有雇员 30 多万人，业务遍及 160 多个国家和地区。

该公司创立时的主要业务为商业打字机，之后转为文字处理机，然后到计算机和有关服务。2014 年 1 月 9 日，IBM 宣布斥资 10 亿美元组建新部门，负责公司最新电脑系统 Watson。2018 年 7 月 19 日，《财富》世界 500 强排行榜发布，IBM 位列第 92 位。

下面通过案例来看看 IBM 公司的企业文化，有更深的了解才能更好借鉴。

沃森的父亲（大托马斯·沃森）在创建公司之前，当上了一家小公司总经理，该公司正为生存而苦苦挣扎。当时，大托马斯就有意识地开始为创建一个富有兢兢业业和执着精神的公司而努力。

沃森在墙上贴满了标语："时间一去永不回""没有永远静止的东西""我们永远不能自满""我们出售的是服务""公司以其人员而为人所知"。他对个人的行为做了严格规范——他要求销售人员穿戴整齐，着深色工作服，鼓励结婚（在他看来，已婚者工作更努力，对公司更忠诚，因为他们得养家糊口），不鼓励吸烟，禁止酗酒。

他还制定了培训计划，对公司新雇佣的人员进行思想灌输，努力招募年轻有为的新人，坚持严格通过实践提拔人才的原则。后来，他创办了国际商用机器公司经营的乡俱乐部，主要鼓励国际商用机器公司人员在内部交谊，而不是同外部交往。

通过上述案例，我们可以看出 IBM 公司的创始人无论是对自己，还是对员工都有着很高的要求，只有这样才能让员工对企业的信念坚定不移，切实执行工作任务。

在1914年创办IBM公司时，老托马斯·沃森为公司制定了一些行为准则，这些准则一直牢记在公司每位人员的心中，成为IBM公司的企业文化，主要包括：

◆ 必须尊重个人。

◆ 必须尽可能给予顾客最好的服务。

◆ 必须追求优异的工作表现。

在尊重员工的同时，提高工作标准，并给员工设定追求目标，这样系统的管理值得很多管理者学习。

第8章

08

企业合同管理：预防欺诈早做准备

企业与人交易就免不了签订交易合同，为了保障企业的利益，管理者和交易负责人要对合同进行管理和风险预防。否则一旦合同出现漏洞，企业所遭受的损失是不可估量的。

|8.1|
合同欺诈早知道

合同欺诈是以订立合同为手段，以非法占有为目的，用虚构事实或隐瞒真相的欺骗方法骗取公私财物的行为。合同欺诈是一种很常见的诈骗行为，为了保障企业的利益，相关管理人员一定要清楚合同欺诈的一些特点和方式，从而避免合同欺诈情况的发生。

8.1.1 合同欺诈的法律责任

合同欺诈是一个广义的概念，根据其性质不同，可分为两种类型：民事欺诈和刑事意义上的欺诈。

合同民事欺诈是指一方当事人故意告知对方虚假情况，或者故意隐瞒真实情况，诱使或误导对方基于此作出错误的意思表示，以签订合同达到欺诈的目的。其主要方式包括以下5点。

- 虚假的质量欺诈行为。
- 虚假的商品标识欺诈行为。
- 虚假的合同主体欺诈行为。
- 虚假的宣传欺诈行为。
- 虚假的价格欺诈行为。

刑事意义上的欺诈是指以非法占有为目的，在签订、履行合同过程中，骗取当事人财物，数额较大的行为。

合同欺诈行为有3方面的法律责任：侵权民事责任、违法行政责任和犯罪刑事责任。

（1）侵权民事责任

侵权行为一般是指行为人由于过错侵害他人的财产和人身，依法应承担民事责任的行为。合同欺诈行为具备侵权民事责任的主客观要件。从主观要件来看，合同欺诈行为是故意而为，既表明行为人具有行为能力，同时表明行为人主观上有过错。

从客观要件来看，有如表 8-1 所示的 3 点内容。

表 8-1　客观要件的 3 点内容

客观要件	具体内容
有侵权损害事实	欺诈行为造成被欺诈人人身和财产的不利。从钱财方面看，欺诈行为致使受害人由于决策失误致使预期利益无法实现或不能全部实现；从精神损失来看，欺诈行为致使被欺诈人自由意思表达受到干扰，使被欺诈人人格受到贬低
具有违法性	欺诈行为人做了法律不允许的行为，即破坏、干扰他人意思自由
损害事实的原因	因为欺诈行为，才使受害人钱财方面不利、精神上遭受损害

合同欺诈行为的侵权民事责任，主要方式有返还财产和赔偿损害。

①对于返还财产，可以由受害人主张，以有利于受害人为原则，决定是否返还，以减少受害人财产的损失和浪费为目标。

②对于赔偿损害，从两方面进行，一是对由于欺诈行为使受害人对预期不利的规避决策失误致使规避没有实现，或因欺诈而决策失误致使预期利益无法实现或不能全部实现的，应当赔偿损失。二是按照民事协商原则和调解原则，对受害人的精神损害适当赔偿。

（2）违法行政责任

合同欺诈行为的干扰使被欺诈人的意思按照欺诈人设计的模式运行，破坏了合同当事人的平等交易原则，破坏了社会信用，使市场运行缺乏稳定的信用支持。

所以合同欺诈行为负有行政法律责任，一是要承担一定的惩罚性经济义务，通过经济惩罚强制教化；二是对严重违法的企业要吊销其营业执照，并实行市场禁入，从而在一定程度上对其他企业起到一定的警示作用。

（3）犯罪刑事责任

合同中的欺诈行为如果具有严重的社会危害性、刑事违法性及应受刑罚处罚性这 3 种性质时，行为人不仅要承担民事责任，还要承担相应的刑事责任。

8.1.2 合同欺诈的常见方式

虽然市场交易不断趋于成熟，但在合同签订和履行方面仍然存在合同欺诈问题。合同欺诈屡见不鲜，其方式也多种多样，常见的有以下几种。

◆ 伪造合同

欺诈人以非法占有为目的，用伪造合同主体、伪造合同内容等手法，凭空捏造或者虚构合同，骗取他人的财物。

◆ 货物引诱

欺诈方利用一些公司或个人急需某种紧缺或畅销商品的心理，伪装成供货方谎称能提供对方所需的紧俏商品，从而与对方签订虚假的购销合同，骗取对方的定金或预付款。

◆ 盗用、假冒名义

盗用、假冒名义这类合同欺诈的形式多样，常见的有 4 种。

①假冒知名企业的法定代表人或法定代理人、业务负责人，利用伪造的证明文体与对方签订合同。

②盗用他人盖好合同专用章的合同纸、介绍信、合同专用章，冒充该公司与他人订立合同。

③用他人已经作废或者遗失的合同纸、介绍信、合同专用章，冒充该公司的业务人员与他人订立合同。

④擅自刻制他人印章，冒充某人或某公司与他人签订合同。

◆ 虚构主体

欺诈方伪造营业执照，虚构企业名称、资金、经营范围等，采用根本不存在的或者未经依法登记注册的公司与他人订立合同，骗取他人财物。

◆ 谎称专利技术引诱

欺诈方虚构能带来高额利润的专利、高新技术，打着包技术、包设备、包培训、包回收、包利润的幌子，引诱对方签订合同，连续骗取对方的转让费、培训费、设备费。

◆ 虚假广告、信息引诱

欺诈方先发布虚假广告和信息，引诱他人与之签订合同，骗取对方的中介费、立项费等财物。

◆ 虚构担保

欺诈人伪造、变造作废的票据或者虚假的产权证明作担保，然后引诱他人与之签订合同、履行合同，进而骗取对方的财物。

◆ 抵债诈骗

欺诈人先与对方签订合同，想方设法让对方先履行，待对方交付货物后，再声称自己无力支付货款，愿以产品抵货款。对方被逼无奈，只好接受欺诈人的条件。此时欺诈人便以劣质产品抵货款，给对方造成很大的损失。

8.1.3 工作合同欺诈预防不可少

合同欺诈的方式多种多样，令很多企业防不胜防。所以做好预防工作很重要，企业可从 3 个方面入手。

做好预防宣传。要在全公司内培养员工的危机意识和警觉意识，可以通过布告、宣传册对合同欺诈的方式、案例等进行宣传。还可以请专业的讲师开课，培训员工如何预防合同欺诈。

设计完善的合同管理制度。要想企业不因合同欺诈蒙受损失，就应该通过完善的制度来层层把关。除此之外，还可建立一个合同审查团队，按制度对合同进行审查、保管。

单独设计合同签订、履行监督制度。可以对合同签订和履行制定对应的监督制度，能够更加细致全面地审查与管理合同。

【实用模板】合同管理模板

模板\第8章\企业合同管理制度.docx

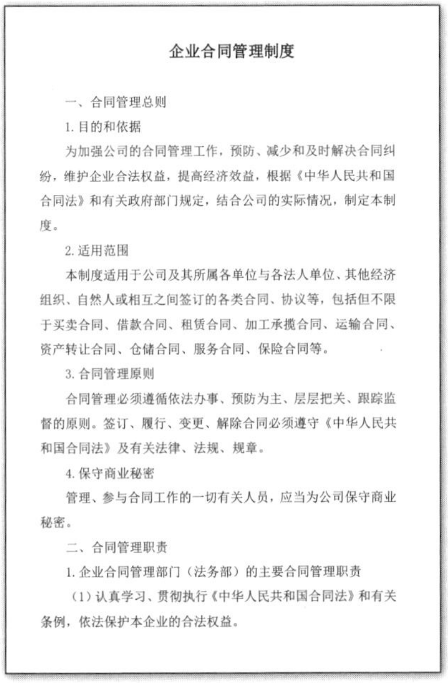

企业合同管理制度

一、合同管理总则

1. 目的和依据

为加强公司的合同管理工作，预防、减少和及时解决合同纠纷，维护企业合法权益，提高经济效益，根据《中华人民共和国合同法》和有关政府部门规定，结合公司的实际情况，制定本制度。

2. 适用范围

本制度适用于公司及其所属各单位与各法人单位、其他经济组织、自然人或相互之间签订的各类合同、协议等，包括但不限于买卖合同、借款合同、租赁合同、加工承揽合同、运输合同、资产转让合同、仓储合同、服务合同、保险合同等。

3. 合同管理原则

合同管理必须遵循依法办事、预防为主、层层把关、跟踪监督的原则。签订、履行、变更、解除合同必须遵守《中华人民共和国合同法》及有关法律、法规、规章。

4. 保守商业秘密

管理、参与合同工作的一切有关人员，应当为公司保守商业秘密。

二、合同管理职责

1. 企业合同管理部门（法务部）的主要合同管理职责

（1）认真学习、贯彻执行《中华人民共和国合同法》和有关条例，依法保护本企业的合法权益。

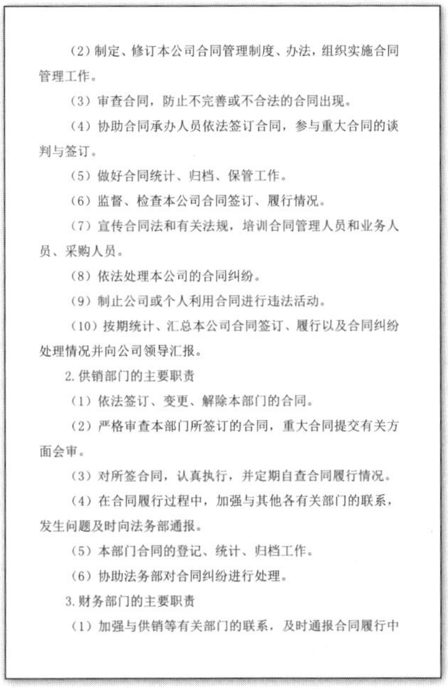

（2）制定、修订本公司合同管理制度、办法，组织实施合同管理工作。

（3）审查合同，防止不完善或不合法的合同出现。

（4）协助合同承办人员依法签订合同，参与重大合同的谈判与签订。

（5）做好合同统计、归档、保管工作。

（6）监督、检查本公司合同签订、履行情况。

（7）宣传合同法和有关法规，培训合同管理人员和业务人员、采购人员。

（8）依法处理本公司的合同纠纷。

（9）制止公司或个人利用合同进行违法活动。

（10）按期统计、汇总本公司合同签订、履行以及合同纠纷处理情况并向公司领导汇报。

2. 供销部门的主要职责

（1）依法签订、变更、解除本部门的合同。

（2）严格审查本部门所签订的合同，重大合同提交有关方面会审。

（3）对所签合同，认真执行，并定期自查合同履行情况。

（4）在合同履行过程中，加强与其他各有关部门的联系，发生问题及时向法务部通报。

（5）本部门合同的登记、统计、归档工作。

（6）协助法务部对合同纠纷进行处理。

3. 财务部门的主要职责

（1）加强与供销等有关部门的联系，及时通报合同履行中

上述模板展示了某公司合同管理的内容，对合同审签、履约以及变更、解除等进行了规定，非常全面。而对该类制度进行设计时要注意，合同诈骗多发生在签订或履约时，所以对这两部分内容应该重点规定。在审签时要注意以下两点内容。

1. 签订合同前必须严格审查对方当事人的主体资格。

2. 签订合同前需要审查代理人的代理身份和代理资格。

总而言之，要保障企业的利益，与合同签订有关的管理人员、员工应该时刻注意合作企业的经营状况、公司信誉，多方了解，如有异样，立即停止履约，追究责任。

|8.2|

合同的管理与保存

一家规范的公司对合同管理应该非常重视，不论是合同的签订、分类、归档、借阅等都要有相应的制度来约束。而面对千头万绪的合同管理工作，企业管理者要梳理清楚合同管理的计划和程序，才能有条理地做好合同管理工作。

8.2.1 制定合同管理计划

现在市场环境瞬息万变，企业想要不断发展、扩大规模就需要利用法律武器维护自己的权益。所以，合同作为最有效的法律依据是非常重要的，由于涉及的部门较多，可统一制定合同管理计划，各部门按计划实施工作。

（1）设置常用合同模版

为了简便合同设计工作，企业各部门可以将经常签订的合同制作成模板，以后每次签订的时候只需要更改少部分信息即可，减轻工作的同时也保障了企业的利益，预防合同漏洞风险。

企业内常见的合同模板有购销合同模板、采购合同模板、劳动合同模板等，每种模板的格式和内容都有一些不同。下面以某些公司的合同模板来做参考，用户可以制定适合自己公司的合同模板。

【实用模板】采购合同模板

模板\第8章\采购合同.docx

采购合同

合同编号：

购货单位：（以下简称甲方）

供货单位：（以下简称乙方）

为了增强甲乙双方的责任感，加强经济核算，提高经济效益，确保双方实现各自的经济目的，经甲乙双方充分协商，特订立本合同，以便共同遵守。

第一条 材料品牌名称

规格：　　　　数量：

单价：　　　　交付时间：

合计人民币金额（大写）：

1. 甲方在验收中，如果发现产品的品种、型号、规格、花色和质量不合规定，应一面妥为保管，一面在_____天内向乙方提出书面异议，甲方有权拒付不符合合同规定部分的货款。

2. 如甲方未按规定期限提出书面异议的（在紧急情况下，先行电话通知并承诺在特定时间内提出书面异议的，视为已提出书面异议），视为所交产品符合合同规定。

3. 甲方因使用、保管、保养不善等造成产品质量下降的，不得提出异议。

4. 乙方在接到甲方书面异议后，应在 10 天内（另有规定或当事人另行商定期限者除外）负责处理，否则，即视为默认甲方提出的异议和处理意见。

第二条 乙方的违约责任

1. 乙方所交产品品种、型号、规格、花色、质量不符合合同规定的，如果甲方同意利用，应当按质论价；如果甲方不能利用的，应根据产品的具体情况，由乙方负责包换或包修，并承担修理、调换或退货而支付的实际费用。乙方不能修理或者不能调换的，按不能交货处理。

2. 乙方逾期交货的，应比照中国人民银行有关延期付款的规定，按逾期交货部分货款计算，向甲方偿付逾期交货的违约金，并承担甲方因此所受的损失费用。

3. 产品错发到货地点或接货人的，乙方除应负责运交合同规定的到货地点或接货人外，还应承担甲方因此多支付的一切实际费用和逾期交货的违约金。乙方未经甲方同意，单方面改变运输路线和运输工具的，应当承担由此增加的费用。

第三条 甲方的违约责任

1. 甲方自提产品未按供方通知的日期或合同规定的日期提货的，应比照中国人民银行有关延期付款的规定，按逾期提货部分货款总值计算，向乙方偿付逾期提货的违约金，并承担乙方实际支付的代为保管、保养的费用。

2. 甲方如错填到货地点或接货人，或对乙方提出错误异议，应承担乙方因此所受的损失。

第四条 不可抗力

甲乙双方的任何一方由于不可抗力的原因不能履行合同时，应及时向对方通报不能履行或不能完全履行的理由，在取得有关

上述模板是某公司的采购合同书，该合同模板可以分为 3 个部分。

第一个部分是合同编号和甲乙双方的名称。（在合同中，甲方、乙方代表的是合同中签约双方。一般订立合同的一方为甲方，签约对象为乙方。）

第二个部分是合同的主体内容，规定了采购材料的信息、基本规定、甲方违约责任、乙方违约责任和不可抗力。

第三部分是甲乙双方及委托代理人的签字区域。

【实用模板】劳动合同模板

模板\第8章\劳动合同书.docx

劳动合同书

甲方（用人单位）名称：________________

联系电话：______________

法定代表人（委托代理人）：______________

联系电话：________________

乙方（劳动者）姓名：________________

性别：______________

住址：__________________

居民身份证号码：__________________

甲乙双方根据《中华人民共和国劳动合同法》等法律、法规、规章的规定，在平等自愿、协商一致的基础上，同意订立本劳动合同，共同遵守本合同所列条款。

第一章 合同类型和期限

第一条 甲、乙双方选择以下第___种形式确定本合同期限：

1.固定期限：自___年___月___日起至___年___月___日止。

2.无固定期限：自___年___月___日起至法定的终止条件出现时止。

3.以完成一定的工作（任务）为期限。自___年___月___日至工作（任务）完成时即行终止。

双方约定的试用期至___年___月___日止，期限为___月。

第二章 工作内容和工作地点

第二条 双人协商一致，乙方同意从事_____（岗位或工种）工作，工作地点在____市____县（区）。经甲、乙双方协商同意，可以变更工作地点和工作岗位（工种）。

第三条 乙方应按照甲方的要求，按时完成规定的工作数量，达到规定的质量标准。

第三章 工作时间和休息休假

第四条 甲方安排乙方执行以下第___种工时制度。

1.实行标准工时工作制。乙方每日工作时间不超过 8 小时，每周不超过 40 小时。甲方由于工作需要，经与工会和乙方协商后可以延长工作时间，一般每日不得超过 1 小时，因特殊原因需要延长工作时间的，在保障乙方身体健康的条件下延长工作时间每日不得超过 3 小时，每月不得超过 36 小时。

2.实行综合计算工时工作制。乙方在合同期内实行集中工作、集中休息，以劳动行政部门批准的周期（周、月、季或年）综合计算工作时间，综合计算后超出法定标准工作时间的，甲方应按延长工作时间的规定支付乙方延长工作时间工资。

3.实行不定时工作制。

实行综合计算工时工作制和不定时工作制的，应当事先报经劳动行政部门批准，甲方对乙方可实行相对集中工作、集中休息、轮休调休、弹性工作等方式。

第五条 乙方在合同期内享有国家规定以及本企业安排的各项休息、休假的权利。

第四章 劳动报酬

第六条 双方确定乙方实行以下第___种工资形式：

上述模板是某公司的劳动合同书，对公司上下各部门基本按照该合同与劳动者建立用人关系。该合同书的主体结构依旧是 3 部分。

第一个部分是用人单位和劳动者的基本信息，包括单位名称、联系电话和劳动者姓名、性别、住址、身份证号码等。

第二个部分规定了合同的主要内容，包括合同的类型和期限、工作内容和工作地点、工作时间和休息休假、劳动报酬、社会保险、劳动保护、劳动条件和职业危害防护等内容。

第三个部分是签名盖章部分，对甲乙双方、代理人、签订时间进行了体现。

（2）合同分类

要想管理好纷繁复杂的合同文书，首先要对合同进行分类，这样在之后的工作中就能按类别进行汇总、查阅。

一个企业根据其涉及的业务范围不同，合同类别的数量也不一。业务广泛的企业其合同分类也较多，如某些企业可能涉及的业务有采购、生产、销售、设计和宣传等，其合同除了分几大类外还可以再往下细分，如图 8-1 所示。

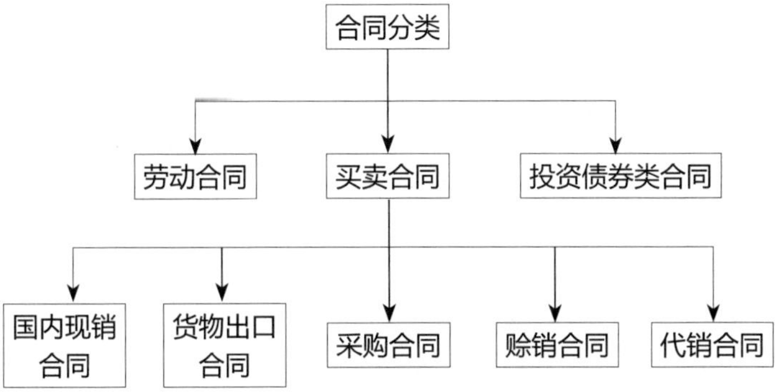

图 8-1　合同类别的细分

（3）合同分类编号

对合同进行分类后，还需要进一步对合同进行编号。管理者不要小瞧编号的作用，它对于合同管理有非常大的作用。首先编号里藏着许多重要的信息，如合同年份、合同类别等；其次编号可以方便我们存储合同、查找合同，并且可用作电子存档建立相关索引。

那么如何进行合同编号呢？首先要知道可用作合同编号的几类要素，如下所示。

◆ **类别编号**：根据合同的不同类型设置字母编号，一般由合同类型的简写组成，如表 8-2 所示。

表 8-2　类别编号简写

合同类型	简写字母
销售合同	S

续上表

合同类型	简写字母
采购合同	B
授权合同	A
合作合同	C
保密合同	N

- **日期编号**：通过签订合同的日期提炼数字编号，如 2019 年 8 月 20 日签定的合同，其二级编号为 20190820。
- **份额编号**：其可作为日期编号的下级编号使用，对于一些大型公司来说，其业务较多，一天内可能签订多份合同，按份额来编号可以有效区别日期相同的合同。如某公司签订了 2019 年 8 月 20 日的第 3 份销售合同，其编号可设置为 S-20190820-03。
- **部门编号**：按部门对合同进行编号，一般取部门名称的拼音首字母作为简写进行区别。如表 8-3 所示。

表 8-3　部门编号简写

部门名称	简写字母
采购部	CG
财务部	CW
销售部	XS
人事部	RS
行政部	XZ
宣传部	XC

以上几类都是常见的编号要素，各公司管理者可根据公司的实际

情况选择某两类或三类进行组合。另外，在设置编号前，首先要将编号分级，常见的有二级编号和三级编号。

有了合同编号后，还需要对合同编号进行统一管理。管理者可按部门设立合同管理员，对该部门每份合同进行编号，如有出错，则追究该名合同管理员的责任。如表 8-4 所示的是某公司合同管理员的岗位职责。

表 8-4　合同管理员的岗位职责

序号	岗位职责
1	对各商场的经济合同进行登记、编号，准确登录统计表，并保证及时录入
2	及时掌握合同履行、变更、终止情况，并与相关部门沟通，确保公司利益不受损失
3	按月对合同的签订、履行情况做统计、分析，并提出意见
4	科学、规范管理合同档案，保证查阅方便，保证档案管理的机密性
5	掌握国家的相关法律、法规，掌握公司在合同管理方面的规章制度，维护企业利益
6	对合同管理情况及时向部门经理汇报
7	完成领导交办的其他工作

8.2.2　合同管理流程文件及流程图

通过合同管理计划，企业管理者能够掌握一些合同管理的步骤和方法。在此基础上，一般会对合同管理进行相关规定，如下所示是某公司的合同管理规定，可作参考。

合同管理规定

随着公司规模不断扩大，各种经济法规趋于完善，为了加强公司各种合同管理，特做规定如下。

一、合同分类

1. 根据不同部门所产生的不同性质的合同进行严格分类管理。

（1）行政部：行政合同。

（2）财务部：一切经济合同。

（3）宣传部：广告代理、广告刊发合同。

（4）拓展部：联营合同、产品代理协议、自营合同。

2. 各部门派专人管理并严格分类归档，建立合同专门档案。

二、合同管理

1. 数额较大或对公司较为重要的合同，必须由总经理或其授权委托人审定签字。

2. 凡由本公司起草的非正式合同文本的合同稿，初稿均应交公司行政部校审并文字整理，再呈交总经理或其委托人审定签字。

3. 各类合同签定后，除本部门保存一份外，同时应交一份至行政办存档备查（通常要求为原件且最清晰）以及交一份至公司财务部监督执行。

4. 凡不按本管理制度或越权签定合同致公司利益受损者，由责任人承担损失赔偿责任并按公司《员工守则》予以处罚。

除了管理规定外，管理者和相关人员还需了解合同管理的流程，包括起草、签订、履行和归档这 4 个阶段，一般来说可通过流程图梳理合同管理工作，如图 8-2 所示的就是大致的合同管理流程图。

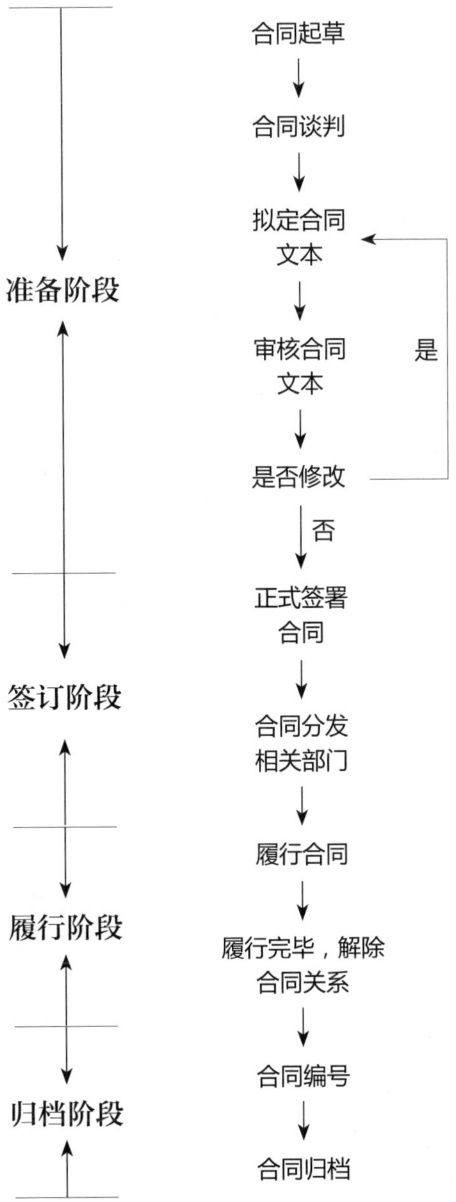
准备阶段
签订阶段
履行阶段
归档阶段
合同起草
合同谈判
拟定合同文本
审核合同文本
是否修改
是
否
正式签署合同
合同分发相关部门
履行合同
履行完毕，解除合同关系
合同编号
合同归档

图 8-2　合同管理流程图

8.2.3 如何保存及销毁合同

合同保存一般是在合同履行后实施的工作，为了保障公司的基本利益，对于合同这类重要文件会设置具体的保管制度，如下所示。

【实用模板】合同保存模板

模板\第8章\公司合同保管制度.docx

公司合同保管制度

第一章 总则

1. 为了规范公司合同档案管理，有效地收集合同签订和履行过程中的有价值材料，维护公司的经济利益，降低经营风险，特制定本管理制度。

2. 公司合同档案由签订和履行合同过程中形成的协议及与此相关的具有保存价值的材料形成。

第二章 合同管理的责任分配

1. 合同管理的归口部门为行政部。行政部合同管理专员负责所有文件编号归档；合同相关档案资料的收集、整理；所负责文件合同档案的借阅、保存和销毁。

2. 各部门负责本部门合同或协议的编号分配、档案资料的收集整理。

第三章 合同归档要求

1. 文件合同编号规则

合同号是合同档案唯一的保管单位。

（1）年度号：年度号由 4 位阿拉伯数字组成，指文件材料形成的年度。

（2）分类号：分类号是档案号的主体，分别依照合同类别拼音首字母给予识别代码。

（3）顺序号：顺序号 4 位，用阿拉伯数字表示：0001、0002……，表示公司当年某一类合同的序号。

（4）部门代码：部门代码仅限销售合同，为各部门的汉语拼音简称。

2. 合同签订人在合同上签字后，由签订人或经办人办理合同手续：经领导审批后，到合同管理员处编号、登记并盖章。合同在双方均盖章生效后须将原件一份送到合同管理员处存档。

3. 合同签订人或经办人负责将合同相关档案资料及时提交给合同管理员，并按月将合同的所有档案资料提交完整。

4. 所有以公司名义签订的有效合同原件一律要求在公司归档，各部门及平台只留复印件备查。合同管理员每月初将统计出各部门签订的合同中尚未收回合同的清单，以电子邮件或传真的形式发给各部门，各部门须将合同按要求归档。

5. 档案管理员每月汇总上月度的完整合同档案资料，制作《合同档案汇总表》提交相关部门。

第四章 合同档案保管期限及销毁

1. 正式形成的合同档案以合同签订之日起开始计算档案保管期限。

2. 档案销毁

（1）任何组织或个人未经允许无权随意销毁公司档案材料。

（2）各合同管理人员应定期对合同进行检查。

（3）合同文档的保存条件要有防火、防潮、防有害生物等措施，以确保合同文档的安全。

第五章 附则

1. 本制度由行政部门负责解释及修改，由总经理办公室批准后执行。该规定可以依据实际情况进行随时或定期修订，修订的版本获得总经理办公室批准后生效，且自动替代以前的版本。公司全体员工应遵循最新版本的规定。

2. 本制度自下发之日起执行。

上述模板展示了某公司的合同保管制度，主要对合同管理的责任分配、合同归档要求、合同档案保管期限及销毁进行规定。在合同归档要求这一部分主要展现了文件合同编号规则，可见编号规则是重中之重，只有编号规则合理，归档工作才能有条不紊地进行。

【实用模板】合同登记单

模板\第8章\合同登记表.docx

合同登记表

管理部门：　　　　　　　　　　　　管理人：

序号	登记日期	合同编号	合同对象	内容说明	合同金额	合同签订期	签订人	批准人	是否归档
1									
2									
3									
4									
5									
6									
7									

上述表单是合同归档工作中需要用到的，在合同归档的同时对合同的相关信息进行登记，既能方便日后查找，又能明确责任人。

【实用模板】合同销毁表单

模板\第8章\合同销毁单.docx

合同销毁单

序号	合同编号	合同名称	销毁日期	页数	销毁原因	审批人
1						
2						
3						
4						
5						
6						
7						

上述表单是合同过了保存期限后，需要销毁时对销毁合同进行登记，主要对合同编号、合同名称、销毁日期、页数、销毁原因和审批人进行记录，以便日后有据可依。

|8.3|

常见的合同条款应该包括哪些

合同条款是合同条件的表现和固定化，是确定合同当事人权利和义务的根据。合同就是由各项条款组成的，合同条款要明确、肯定、完整，并且不能相互矛盾。一份合同里可以包括很多不同方面的条款，这些条款都是缺一不可的。

8.3.1 质量及数量条款

标的物的质量和数量是确定合同标的物的具体条件，是这一标的物区别于同类另一标的物的具体特征。所以对于标的物的质量和数量要通过相应的条款详细说明，一般来说要包括如表 8-5 所示的内容。

表 8-5 质量及数量条款的主要内容

质量条款	数量条款
技术指标	写明数量及对应的标的（物）
质量要求	选择双方共同接受的计量单位
规格、型号	确定双方认可的计量方法
质保期	规定合理的磅差或尾差

不过，依据《合同法解释（二）》的相关内容，标的物的质量若能通过有关规则及方式推定出来的，则合同欠缺这样的条款也不影响成立。下面来看看实际交易中是如何规定质量和数量条款的。

【案例一】

……

七、质量保证

1. 乙方应按合同规定的品种规格、质量标准向甲方提供货物服务。

2. 货物壁厚不小于 3.0mm。

3. 验收合格之日起 36 个月为质量保证期。质保期内更换配件和维修均免费；质保期外，如更换配件只收取配件成本费，不收取维修工时费。

八、货物明细

货物明细单

序号	设备名称	单位	数量	备注
1	休闲椅（三人）	套	50	设备要求结实耐用，三年质保，钢管壁厚 3.0mm。
2	漫步机（二人）	套	20	
3	背部按摩器	套	10	
4	上肢牵引器	套	10	

上述案例中的数量条款不是用文字条款来表示的，而是用货物明细单来表示的，通过表格将货物名称、单位、数量一一对应起来，而且一目了然。在实际交易中的运用也较多。

【案例二】

一、货物名称、规格型号、价格

1. 货物名称、规格型号、价格见乙方另行提供的《货物价格清单》。价格表价格为到货价，已包含交货前所有的税费及其他支出。

2. 购货数量、成交价格、交货时间等具体内容最终以甲方发出并经乙方确认的《购货订单》为准。数量结算以甲方签收的送货单上的合格数量为准。

3.《货物价格清单》若遇市场行情涨幅变动，乙方须以书面形式通知甲方，但最终以甲方书面确认为准。

货物内容	数量	总价	备注
办公用品	一批	50000.00	根据甲方需求供应
日用品	一批	60000.00	
工艺品	一批	30000.00	
总计		140000.00	

……

五、质保期

1. 货物质保期为自合同货物交付之日起 6 个月。如国家规定该货物本身的质保期间长于此约定期间的，则适用国家规定的质保期。特殊货物的质保期由双方另行协商确定。

2. 甲方在合同货物质保期内发现货物有质量不合格或有缺陷，包括潜在的缺陷或使用不符合要求的材料，乙方应在接到甲方签署的索赔清单 15 日内赔偿甲方下列费用：

（1）不合格合同货物的价款（按甲方支付给乙方的价格计算）。

（2）因此发生的仓储、运输、质量检测及保险等费用。

（3）由于合同货物质量问题导致甲方或第三方的所有损失及后果的赔偿。

3. 如果同一种合同货物多次出现不合格的情形，甲方有权解除尚未供货的合同货物订单。

上述案例的质量条款对于质保期的规定非常详细，可见该条款内容是非常重要的。在实际操作中除了对货物的质量进行要求外，相关人员还应该想到质保期的问题，以免有些货物保质期太短给企业带来损失。对于质保期的相关条款规定，应着重于质保期限、保修年限、责任赔偿等事项。

8.3.2　价款或报酬条款

价款是取得标的物所应支付的费用，酬金是获得服务所应支付的费用。不过我们常说的价款，通常指标的物本身的价款，但由于实际交易中会产生运费、保险费、装卸费、保管费、报关费等一系列额外费用。所以对于一些额外产生的费用也应该在合同的价格条款中说明。下面来看看某些公司的价格条款规定。

【案例一】

……

三、付款条件

1. 乙方在交付每批货物时必须提供相应的货物清单，甲方在乙方交付合同货物并经检验合格后支付货款。

2. 乙方承诺：乙方向甲方所销售的货物价格为同类产品在同行业内极具竞争力并为乙方对外销售的最优惠价格。如果经证实乙方所供应产品的单价比同期市场同类产品单价高出 5% 以上，并且没有充分、正当的理由证实其产品具有市场同类产品品质优势的，乙方应退还高出市场价格的差价部分。

3. 双方按照经双方确认的价格表及采购订单结算货款；如同种规格型号的产品所适用的价格表单价高于订单单价的，甲乙双方按照订单价格结算货款。

四、结算与付款

按照甲方订单和实际到货情况，双方于每月25号对经甲方验收合格的货物价款进行月结，甲方于月结日后15个工作日内一次性付清。

上述案例的价格条款主要对付款条件和结算时间做了规定，而货物价款是直接在货物明细表中体现出来的。

【案例二】

……

二、价格

1. 产品的单价以双方书面确定的报价单或每次交易确认的订货单为准（见附件及订货函）。

2. 价格调整各方提前书面通知，经双方协商确认后可进行调整。甲、乙双方均有权提出调价，经双方协商后执行。

三、运输和费用

1. 选择汽车方式由__________方负责运输，运输过程所产生的费用由_____方承担。

2. 选择快递方式运输，所产生费用由________方承担。

3. 运输过程中发生的任何损失由负责运输方负责。

4. 乙方负责运输货物到达甲方指定仓库时，甲方有义务安排配合乙方卸货。

四、结算方式，按以下第_____条执行。

1. 现金交易：□款到发货　　□货到付款。

2. 预付定金交易：下订货单时预付_____%货款，余款（□发货前

完成支付 □交货后____天内支付）。

3. 赊账交易：乙方给予甲方的信用期（□月结天 □按单笔___天），信用额度人民币_________万元；如超过以上任一条件，甲方必须付清到期或超过额度的款项，否则乙方有权停止发货。如甲方要求继发货，必须现款交易。乙方有权单方按照甲方的信用状况和本年度的产品采购量对信用额度进行调整直至取消。若信用额度取消，甲方在次月必须付清全部欠款。

以上案例对商品的价格、运输方式和费用结算方式进行了说明。产品单价没有直接在合同条款中体现出来，在实际交易中，有的企业之间会有订货函，所以在合同中可以直接省略。

结算方式是很多合同都会说明的，主要分 3 种：现金交易、预付定金交易、赊账交易。合同中可以给出几种选项，由双方谈判，在实际签约的时候会选定其中一条作为最终的结算方式。

8.3.3 履行期限、地点和方式条款

履行期限是指合同义务完成的时间，涉及双方当事人的期限利益，也是确定违约与否的因素之一。常见的履行期限有及时履行、定时履行、分期履行（应写明每期的准确时间）或是在一定期限内履行。

履行地点一般是对货物验收的地点进行说明，可作为确定运输费用和风险由谁承受的依据，也可作为确定标的物所有权是否转移、何时转移的依据。由于容易出现纠纷，所以一定要规定清楚。

履行方式可以作运输方式或交货方式等来说明，不过在很多合同中其不是主要条款。

履行的期限、地点和方式如果能通过有关方式规定，那么在合同

中也可以省略。来看看以下案例。

【案例一】

……

二、合同期限

本合同有效期自____年___月___日至____年____月____日止。本合同期满前30日内，双方如有意向继续合作，另行协商订立合同。

三、交货时间、地点和方式等

交货时间：________________。

交货地点：乙方在甲方交货前以书面方式具体指定交货地点。

交货联系人：____________　　电话：____________

四、运输及验收

1. 运输方式为：__________________。

2. 乙方在收到货物后，应及时对货物的外观及装箱内容进行签收，确认无误后将签收结果在收货后3个工作日内通知甲方，以便甲方对问题及时处理，过期无任何回复，甲方视为合格签收。

上述合同文本对合同期限、交货方式和运输及验收方式进行了说明。主要说明了验收条款，即需要及时对货物外观和包装内进行检查，并在3日进行反馈。

【案例二】

……

七、商品交货、退换货和销后服务

1. 乙方须在甲方订货之日起3个工作日内按规定将商品送达甲方指定地点（其中生鲜食品须在订货之日的次日凌晨6:00时供货）。如未能按期交货，乙方应在订单发出之后 3 小时内书面（含传真）通知甲方。未经甲方同意，乙方不得早于或迟于规定日期交货。对于乙方无故违期交货，甲方有权拒收或取消订单，并追究乙方违约责任。

2. 甲方验货时发现乙方提供的商品单（样）货不符、质量问题、短少、破损等情况，应第一时间通知乙方并及时做好书面记录，乙方接到通知后，必须在 3 天内以书面形式提出换货、补货或退货等处理意见，否则甲方有权拒付货款，由此造成的损失由乙方承担。

3. 甲方有权对乙方提供的商品试销一个月，对因规格、花色、款式、价格、质量、保质期等原因造成滞销或非畅销的商品予以淘汰（包括现有库存返厂、退货、其他处理），乙方在甲方告知日内，应及时予以调换或退货。若乙方不办理退货手续，甲方有权自行作退换货或以其他方式处理，由此造成的损失或退换货所产生的费用由乙方承担，并从应付货款中扣除。

4. 乙方应积极配合甲方处理解决消费者因商品质量问题的投诉，对确有质量问题的商品乙方应承担“三包”（包退、换、修）责任和顾客提出的合理赔偿，同时乙方应承担因此给甲方造成的一切损失。

八、交货方式、地点及费用（本条款以在“□”打“√”为准）

1. 交货方式选择：

□乙方送货上门；□乙方代办托运；□甲方自提。

2. 交货地点选择：

□甲方仓库；□甲方商场；□货运站。

3. 有关费用选择：

□长途运输费由____方承担；□市内运输装卸费用由____方承担；

□途中商品短少或破损由_____方承担。

上述合同对商品交货的退换货条款进行了详细的说明，当商品的质量不符合市场标准时，公司所受的损失会受到控制。

而交货方式也依据货物的特性进行了说明，生鲜类产品的交货时间与其他货物有所差别。

交货方式、地点及费用的相关条款采用选项的形式展示，根据双方协商后，再确定应有哪一方负责相关内容。

8.3.4 担保及违约责任条款

违约责任是为了预防当事人一方或双方不履行合同或者不适当履行合同，按照合同规定的违约责任条款承担的法律责任。

违约责任条款在合同中是必不可少的，并要尽可能对定金、违约金、赔偿金额以及赔偿金的计算方法等作出规定。如下所示是某公司合同有关违约责任的相关条款。

……

十、违约责任

1. 合同签订后，甲方应按照合同约定按时发货，以不超过约定时间内到货（不可抗力因素除外），经乙方验收后的货物一切负责权归属乙方。

2. 乙方逾期付款的，在甲方书面催告后仍不付款，则按照未交付款部分的每日万分之五向甲方承担违约责任。

3. 除非本合同另有明确约定，否则本合同中应该偿付的违约金或赔偿金应当在明确责任后____日内付清，否则按逾期付款处理。

上述条款对按时发货、逾期付款和违约金的违约责任进行了说明。

第一条中对验收后的权责转移进行了说明；第二条中通过违约金罚款的方式来对乙方进行约束；第三条则对违约金的交付期限进行说明。每一条内容都简洁、有重点。

8.3.5　不可抗力条款

不可抗力条款是在合同中规定如当事人一方因不可抗力不能履行合同的全部或部分义务时，免除其全部或部分责任的条款。不可抗力条款是一种免责条款，基本上在合同中都要约定不可抗力条款。如下所示是某份合同中的不可抗力条款。

……

十一、不可抗力

1. 一方因不可抗力不能履行合同或不能完全履行合同的，根据不可抗力的影响，可以部分或全部地免除责任。

2. 由于不可抗力致使合同无法履行时，无法履行合同义务的一方应以合理的方式立即将不能履行合同的事实通知另一方，并在不可抗力事件发生后______天内向对方发出事件发生地点有关政府部门、公证机关或商会出具的证明，以证实不可抗力的存在。

3. 如因一方怠于通知而造成另一方损失或损失扩大的，则怠于通知的一方应负责赔偿另一方的相应损失。

如上述条款所示，一般分 3 条来对不可抗力进行说明，分别是①不可抗力的基本含义；②发生不可抗力事件时的通知时间（或方式）、证明文件；③怠于通知的责任赔偿。

有的合同条款还会对不可抗力的基本条件或内容进行说明，不可抗力的事故主要包括以下两种情况。

◆ 由于自然力量引起的，如水灾、风灾、旱灾、地震等。

◆ 由社会原因引起的，如战争、封锁、政府禁令等。

8.3.6 知识产权、保密协议条款

对于涉及知识产权保护或公司机密利益的交易活动，一般会在合同中对知识产权和保密协议进行规定。如下例所示。

【案例一】

……

4. 商品、商标与知识产权

乙方应提供商标、品牌、专利等证明，任何假冒侵权行为所引起的一切法律后果和经济损失由乙方承担。

上述条款是在商品交易中经常出现的，对于商品商标、品牌等的责任规定。

【案例二】

……

八、所有权及知识产权

甲方保证对其依据本合同向乙方所交付的合同产品拥有合法的所有权、知识产权及其他权益，保证不侵犯任何第三方合法的所有权、知识产权及其他任何权益。

九、保密信息

1. 双方应对本合同履行过程中所知悉的双方的知识产权、商业秘密、经营计划和战略、客户信息及其他非技术性信息承担保密义务。未经双方书面同意，不得向社会公众或第三方通过任何途径出示、泄露，不得对上述信息进行复制、传播和销售。双方同时应约束其员工履行

保密义务。

2. 本条所约定的双方承担保密义务不因本合同履行完毕而失效。

上述条款主要是为了保护双方的共同权益，将产品的所有权、知识产权的权责进行规定，并对保密的信息进行说明，包括知识产权、商业秘密、经营计划和战略、客户信息及其他非技术性信息。

8.3.7　解决争议的方式条款

解决争议的方式条款指合同争议的解决途径，包括对合同条款发生争议时的解释以及法律适用等。一般来说有 4 种途径：一是双方通过协商和解；二是由第三人进行调解；三是通过仲裁解决；四是通过诉讼解决。

如果通过诉讼解决争议则不用在合同中约定，想要通过其他途径解决都要事先或者事后约定。如下例所示。

凡因本合同引起的或与本合同有关的争议，双方应友好协商解决。协商不成时，双方均同意采用以下第（　）种争议解决方式：

1. 甲、乙双方均同意向（甲方所在地人民法院）提起诉讼。

2. 甲、乙双方均同意向（仲裁委员会）提起仲裁。

以上必须二选一，选定才有效。（　）括号中的内容自行替代或更改，其中，法院的选择必须选择有管辖权且对你方相对有利的法院；仲裁委员会的名称一定要书写正确。

以上条款提出的解决方式有两种，一是通过人民法院提起诉讼，二是通过仲裁委员会提起仲裁。两种解决争议的方法还未定，用选项的方式列出，待到双方协商之后，进行选择。

读者意见反馈表

亲爱的读者：

感谢您对中国铁道出版社有限公司的支持，您的建议是我们不断改进工作的信息来源，您的需求是我们不断开拓创新的基础。为了更好地服务读者，出版更多的精品图书，希望您能在百忙之中抽出时间填写这份意见反馈表发给我们。随书纸制表格请在填好后剪下寄到：北京市西城区右安门西街8号中国铁道出版社有限公司大众出版中心 王佩 收（邮编：100054）。或者采用传真（010-63549458）方式发送。此外，读者也可以直接通过电子邮件把意见反馈给我们，E-mail地址是：1958793918@qq.com。我们将选出意见中肯的热心读者，赠送本社的其他图书作为奖励。同时，我们将充分考虑您的意见和建议，并尽可能地给您满意的答复。谢谢！

所购书名：____________________

个人资料：

姓名：__________ 性别：__________ 年龄：__________ 文化程度：__________

职业：__________ 电话：__________ E-mail：__________

通信地址：____________________ 邮编：__________

您是如何得知本书的：

□书店宣传 □网络宣传 □展会促销 □出版社图书目录 □老师指定 □杂志、报纸等的介绍 □别人推荐

□其他（请指明）____________________

您从何处得到本书的：

□书店 □邮购 □商场、超市等卖场 □图书销售的网站 □培训学校 □其他

影响您购买本书的因素（可多选）：

□内容实用 □价格合理 □装帧设计精美 □带多媒体教学光盘 □优惠促销 □书评广告 □出版社知名度

□作者名气 □工作、生活和学习的需要 □其他

您对本书封面设计的满意程度：

□很满意 □比较满意 □一般 □不满意 □改进建议

您对本书的总体满意程度：

从文字的角度 □很满意 □比较满意 □一般 □不满意

从技术的角度 □很满意 □比较满意 □一般 □不满意

您希望书中图的比例是多少：

□少量的图片辅以大量的文字 □图文比例相当 □大量的图片辅以少量的文字

您希望本书的定价是多少：

本书最令您满意的是：

1.

2.

您在使用本书时遇到哪些困难：

1.

2.

您希望本书在哪些方面进行改进：

1.

2.

您需要购买哪些方面的图书？对我社现有图书有什么好的建议？

您更喜欢阅读哪些类型和层次的书籍（可多选）？

□入门类 □精通类 □综合类 □问答类 □图解类 □查询手册类

您在学习计算机的过程中有什么困难？

您的其他要求：